就业指导微网课

自主学习 配套手册

全国高校就业创业特色教材课题研究成果
教育部学生服务与素质发展中心组织编写

主　编　谢红梅
副主编　杨　倩
编　委　林　芝　包　松　张　帆　杨　扬
　　　　梁清华　陈南菲　蔡　云　来梦婕

西安交通大学出版社
XI'AN JIAOTONG UNIVERSITY PRESS

国家一级出版社
全国百佳图书出版单位

**图书在版编目(CIP)数据**

就业指导微网课自主学习配套手册 / 谢红梅主编. — 西安：西安交通大学出版社，2022.8
ISBN 978-7-5693-2699-4

Ⅰ.①就… Ⅱ.①谢… Ⅲ.①职业选择-高等学校-教学参考资料 Ⅳ.①G647.38

中国版本图书馆 CIP 数据核字(2022)第 124580 号

| 书　　名 | 就业指导微网课自主学习配套手册 |
|---|---|
| | JIUYEZHIDAO WEIWANGKE ZIZHUXUEXI PEITAOSHOUCE |
| 主　　编 | 谢红梅 |
| 责任编辑 | 侯君英 |
| 责任校对 | 张　娟 |
| 出版发行 | 西安交通大学出版社 |
| | (西安市兴庆南路1号　邮政编码 710048) |
| 网　　址 | http://www.xjtupress.com |
| 电　　话 | (029)82668357　82667874(市场营销中心) |
| | (029)82668315(总编办) |
| 传　　真 | (029)82668280 |
| 印　　刷 | 西安五星印刷有限公司 |
| 开　　本 | 787 mm×1092 mm　1/16　印张　13　字数　209千字 |
| 版次印次 | 2022 年 8 月第 1 版　2022 年 8 月第 1 次印刷 |
| 书　　号 | ISBN 978-7-5693-2699-4 |
| 定　　价 | 45.00 元 |

如发现印装质量问题，请与本社市场营销中心联系、调换。
订购热线：(029)82665248　(029)82667874
投稿热线：(029)82668525

**版权所有　侵权必究**

# 前　言

当今世界处于百年未有之大变局，大学毕业生的就业形势总体日趋严峻并且处于快速变化过程中。

高校就业指导是帮助高校毕业生提高求职择业能力的重要环节。目前，有些学校已把就业指导纳入必修课程的教学，有些学校则是依托各个专业院系举办各类课外活动，而各院系从事就业指导的主要工作人员是思政辅导员——人数少、任务重，因而各学校就业指导的质量参差不齐，难以满足学生的实际需要。

为了更好地服务于高校就业育人的大目标，满足学生自主选择学习就业指导通识课程的个性化需要，本书主编于2020年上半年在浙江大学组建了就业指导微网课建设项目组，研发、录制并上线了"就业指导系列微网课"。该系列课程重点讲授了毕业生求职择业的一系列问题，内容包括理性认识专业与职业、学会应用自我探索的结果、把握就业形势与政策、掌握搜集就业信息的有效方法、提升面试技能和求职礼仪、了解就业维权的相关法律法规等模块。

正是在这样的时代背景和课程基础上，就业指导微网课建设项目组的主讲教师集体参与编写了这本与"就业指导系列微网课"配套的《就业指导微网课自主学习配套手册》，作为学生自主学习该系列微课的配套学习手册。

本书开篇的绪论以"新时代大学生的使命担当"为主题，以生涯愿景为引领，引导大学生思考和分析"使命必达"代表人物的生涯发展历程，从中汲取力量，获得人生启迪与职场智慧。

第一章：专业与职业选择。通过调研数据的展示与分析，主要探讨了专业与职业岗位之间的关系，帮助学生理解在学习本专业的过程中培养素质和能力的重要性，把握认识和处理专业与职业关系的理性方法和核心要点。

第二章：自我探索结果及应用。本章介绍了自我探索包括的主要内容和相关的生涯理论，帮助学生客观科学地分析和解读自我探索的结果，理解自己的兴趣、能力、性格和价值观，为后续的求职择业奠定基础。

第三章：就业形势与政策。在洞察时代大势中寻找职业方向，认识毕业生就业的趋势、面临的问题及其产生的根源，把握就业的政策性机会。

第四章：就业信息搜集。认识就业信息的重要性和所应包含的具体内容，掌握搜集、管理和使用信息的有效方法，为决胜职场提供决策依据。

第五章：简历撰写与投递。在清晰的自我认知和理解人岗匹配的基础上，掌握撰写个人简历的基本规则与核心要素，并把握简历投递的若干关键点。

第六章：求职礼仪形象管理。学习仪容、仪表、仪态和言行等求职礼仪，找出自身在求职礼仪方面存在的不足，以期达到"文质彬彬，然后君子"的目标。

第七章：在面试中脱颖而出。通过认识与理解面试的基本内容及基本类型，把握面试的特点与面试准备的基本技能，力争实现事半功倍的效果。

第八章：理性做职业决策。了解自身决策风格和影响决策的主要因素，学习理性职业决策模型——CASVE循环，提高乌卡时代的自我决策能力。

第九章：就业权益保护。通过大量真实案例帮助学生了解就业权益涉及的相关法律法规，识别求职、入职和离职三大环节中可能遇到的侵权问题，学习如何在签约和履行合同中保障自己的合法权益。

第十章：就业创业深造典型案例。通过3个博士、2个硕士、5个本科毕业生共计10个浙江大学优秀校友的就业创业和深造的典型案例分享以及教师点评，展现了这些把国家战略发展、民族伟大复兴与自己的职业选择相结合的校友在校期间及求职择业期间的所思、所感、所为，为在校生提供学习借鉴的鲜活经验。

为了增强可读性，每一章均以名言警句引入，列出学习目标，分成2～4个小节。在内容上尽可能地采用理论与实例相结合的方式阐述。每章的后面都增加了拓展阅读的内容和课后思考题，便于学生更好地理解各章的核心概念和内容。

本书是《就业指导系列微网课自主学习配套手册》的第1版，如存在疏漏之处，诚恳地希望使用本书的师生能够给我们反馈宝贵的意见和建议。

编者

2022年5月

# 目　录

绪论　新时代大学生的使命担当 …………………………………………（ 1 ）

第一章　专业与职业选择 ……………………………………………………（ 3 ）
　　第一节　调研结果——用实证数据来说话 …………………………（ 5 ）
　　第二节　核心要点——我们应该怎么办 ……………………………（ 11 ）

第二章　自我探索结果及应用 ………………………………………………（ 19 ）
　　第一节　自我探索的生涯理论 …………………………………………（ 20 ）
　　第二节　自我探索结果分析 ……………………………………………（ 28 ）
　　第三节　自我探索的结果应用 …………………………………………（ 36 ）

第三章　就业形势与政策 ……………………………………………………（ 43 ）
　　第一节　高校毕业生就业趋势 …………………………………………（ 44 ）
　　第二节　高校毕业生就业面临的问题与矛盾 ………………………（ 46 ）
　　第三节　与高校毕业生相关的政策性机会 …………………………（ 49 ）
　　第四节　高校毕业生求职准备建议 ……………………………………（ 52 ）

第四章　就业信息搜集 ………………………………………………………（ 60 ）
　　第一节　就业信息的概念 ………………………………………………（ 61 ）
　　第二节　搜集就业信息的渠道和方法 …………………………………（ 64 ）

第五章　简历撰写与投递 ……………………………………………………（ 78 ）
　　第一节　寻找自我之旅——如何认识和理解简历本质 ……………（ 79 ）
　　第二节　聚焦关键要素——如何积累和提炼简历素材 ……………（ 84 ）
　　第三节　写有道投有术——如何修改与投递简历文本 ……………（ 91 ）

第六章　求职礼仪形象管理 …………………………………………………（ 96 ）
　　第一节　仪容篇 …………………………………………………………（ 97 ）
　　第二节　仪态篇 …………………………………………………………（ 99 ）
　　第三节　仪表篇 …………………………………………………………（ 101 ）
　　第四节　言行篇 …………………………………………………………（ 108 ）

第七章　在面试中脱颖而出 …………………………………………………（ 112 ）
　　第一节　了解面试 ………………………………………………………（ 113 ）

第二节　面试准备……………………………………………（120）
　　第三节　面试技巧……………………………………………（123）
第八章　理性做职业决策…………………………………………（129）
　　第一节　了解自我决策风格…………………………………（130）
　　第二节　掌握理性决策模型…………………………………（136）
　　第三节　提升自我决策能力…………………………………（139）
第九章　就业权益保护……………………………………………（147）
　　第一节　求职环节的权益保护………………………………（148）
　　第二节　入职环节的权益保护………………………………（151）
　　第三节　离职阶段权益保护…………………………………（160）
第十章　就业创业深造典型案例…………………………………（165）
附　　录……………………………………………………………（194）
参考文献……………………………………………………………（198）

## 绪 论  新时代大学生的使命担当

当代大学生是实现中华民族伟大复兴的主力军。党的十九大报告指出，"青年兴则国家兴，青年强则国家强。青年一代有理想、有本领、有担当，国家就有前途，民族就有希望。中国梦是历史的、现实的，也是未来的；是我们这一代的，更是青年一代的。中华民族伟大复兴的中国梦终将在一代代青年的接力奋斗中变为现实。"国家富强和民族振兴需要强大的精神力量和价值支撑。大学生作为高学历群体，是祖国非常宝贵的人力资源，是建设社会主义现代化强国的重要生力军，肩负着党和人民的殷切期盼，需要拥有坚定的理想信念，志存高远，脚踏实地，勇做时代的弄潮儿。

每个人都有自己的梦想，梦想能让我们看到未来的愿景，也能赋予我们强大的内生力量。如何让个人的梦想与中国梦同频共振，聚合成实现中华民族伟大复兴的磅礴力量，是每一位大学生都需要认真思考的生涯发展问题。

同学们应该还记得，在中学课本中曾学习过卡尔·马克思在17岁时所写的中学毕业论文《青年在选择职业时的考虑》，其中有一段脍炙人口、激励人心的描述："如果我们选择了最能为人类而工作的职业，那么，重担就不能把我们压倒，因为这是为大家作出的牺牲；那时我们所享受的就不是可怜的、有限的、自私的乐趣，我们的幸福将属于千百万人，我们的事业将悄然无声地存在下去，但是它会永远发挥作用，而面对我们的骨灰，高尚的人们将洒下热泪。"

在青年时代就对职业选择有着宏观思考的马克思，经过长期艰苦卓绝的努力奋斗，成为全世界无产阶级的伟大导师、科学共产主义的创始人，也成为伟大的政治家、哲学家、经济学家和革命理论家。

每一代人都有不同的使命和责任。新时代特别需要青年大学生勇敢地担负起时代所赋予年轻人的历史使命。我国现当代也涌现出许多"使命必达"的典型人物，他们的生涯发展历程和动人事迹值得我们每一个人去学习和对标。

希望同学们在正式进入求职择业期之前，能够认真分析这些典型人物的职业生涯发展历程，关注其中的关键转折点及阶段，挖掘这些人物实现"使命必达"的核心要素，尤其是他们所展现出来的各种素质与能力，从中获得人生启迪和职场智慧。

使命必达人物

### 思考题

1. 请思考自己的职场对标人物最可能是谁？为什么？

2. 为了今后自己也能在职业生涯中"使命必达"，你现阶段最想做的是什么，当下会采取的第一步行动是什么？

# 第一章 专业与职业选择

> 知之者不如好之者,好之者不如乐之者。
>
> ——《论语·雍也》

**学习目标**

- ❖ 了解专业与职业岗位之间通常并不存在严格的对应关系。
- ❖ 理解在学习本专业的过程中培养素质和能力的重要性。
- ❖ 掌握认识和处理专业与职业关系的理性方法和核心要点。

"你是学什么专业的?"这是同学们从进入大学开始就经常会被问到的话题。其实,在拿到大学录取通知书的那一天,同学们就可以清楚地回答这个问题了,但大家是否真的知道专业对自己意味着什么,专业与自己后续的职业选择究竟会有怎样的关系,同学们知道的也许并不像我们想像得那么多。那么,如何正确地看待专业与职业选择呢?

一谈到有关就业的话题,通常大家马上就会联想到自己是学什么专业的。的确,大学毕业生的专业与职业选择的关系是较为密切的,因为用人单位在选聘毕业生时一般都会有一定的对专业知识和技能方面的考量。在此,先给大家分享一下美国生涯辅导专家凯瑟琳·布鲁克斯(Katharine Brooks)所写的题名为《你的专业是什么》这本书中的一个调查结果,见表1-1。

表 1-1 专业与所从事职业

| 所学专业 | 所从事职业 |
| --- | --- |
| 艺术 | 漫画家 |
| 亚裔美国人研究 | 在韩国教授第二外语 |
| 化学 | 兽医 |
| 古典/考古学 | 拉丁语教师 |
| 戏剧艺术 | MTV 项目开发人员 |
| 经济学 | 华尔街证券交易员 |
| 英语 | 出版社编辑 |
| 法语及西班牙语 | 外交官 |
| 地理学 | 高中地理老师 |
| 政治学 | 地区监察官办公室特别监察官 |
| 政治学 | 公关人员 |
| 心理学 | 心理咨询师 |

大家看到这张表通常都会感觉很正常,因为艺术专业的毕业生成为漫画家、经济学专业的毕业生成为华尔街证券交易员、地理学专业的毕业生成为高中地理老师、心理学专业的毕业生成为心理咨询师等,都太正常不过了。不过,这里还有第二张表,见表 1-2。

表 1-2 专业与实际从事职业

| 所学专业 | 实际从事职业 |
| --- | --- |
| 艺术 | 地区监察官办公室特别监察官 |
| 亚裔美国人研究 | 华尔街证券交易员 |
| 化学 | 在韩国教授第二外语 |
| 古典/考古学 | 外交官 |
| 戏剧艺术 | 公关人员 |
| 经济学 | 兽医 |
| 英语 | 心理咨询师 |
| 法语及西班牙语 | 拉丁语教师 |
| 地理学 | 出版社编辑 |
| 政治学 | 高中地理老师 |
| 政治学 | 单身成人项目部长 |
| 心理学 | 漫画家 |

实际情况是，第二张表里所学专业与所从事职业才是毕业生实际的就业情况：艺术专业的毕业生竟然成了地区监察官办公室特别监察官，心理学专业的毕业生反而成了漫画家，经济学专业的毕业生竟然成了兽医，亚裔美国人研究专业的毕业生成了华尔街证券交易员，地理学专业的毕业生是出版社编辑不奇怪，但高中地理老师竟然是政治学专业的毕业生所担任，而且英语专业的毕业生成了心理咨询师，简直是有些颠覆我们的认知。也许有同学会说，这是极个别情况，并不能说明问题。那么，我国高校甚至是同学们自己所在学校的毕业生的实际就业结果如何呢？也许这才是大家更加关心的话题。

本章主要包含三个方面的内容：首先是给大家展示几组相关的调查研究结果，通过分析调查研究获得的实证数据，来帮助同学们理解和把握当下专业与职业选择的整体情况；其次是给同学们分享该主题下的几个核心要点，希望大家都能尽早思考清楚自己后续应该怎样进行职业定位并采取相应行动。

## 第一节 调研结果——用实证数据来说话

专业对口固然很好，因为能够给同学们带来求职择业中的竞争优势。但相对于职场工作岗位的要求来说，同学们在校期间学习过的专业知识是远远不够的，而且不同类别的职业岗位对专业的要求也存在很大差异，专业与职业往往是多对多的关系，只有少数职业如医生、建筑设计师等岗位会对专业的对口程度要求非常高。既然同学们无须太过在意专业与职业的对口度，那么高校毕业生就业的专业对口程度究竟如何？

### 一、全国高校大学生就业的专业相关度

根据麦可思公司发布的年度《中国大学生就业报告》蓝皮书，2014—2018届大学毕业生的工作与专业相关度的变化趋势如图1-1所示。

由图1-1可见，从全国来看，大学毕业生的工作与专业相关度为66%，且在五年间维持稳定。其中，本科毕业生的工作与专业相关度明显高于高职高专院校毕业生。一般来说，学历越高，就业时的专业相关度也会越高。

但对于不同专业的毕业生，工作与专业相关度也不尽相同。麦可思公司

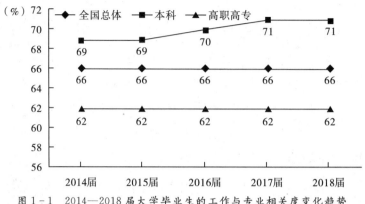

图1-1 2014—2018届大学毕业生的工作与专业相关度变化趋势

发布的《2019年中国大学生就业报告》显示,在本科学科门类中,2018届毕业生从事的工作与专业相关度最高的是医学(93%),其次是教育学(84%);最低的是农学(57%)。在高职高专的专业大类中,2018届毕业生从事的工作与专业相关度最高的是医药卫生大类(90%),其次是土建大类(71%);最低的是旅游大类、轻纺食品大类(均为51%)。

## 二、专业背景对毕业生就业状况的影响

以上数据是全国高校的情况。下面给同学们展示几组针对浙江大学学生的调查研究结果以及毕业生的实际就业数据统计,看看数据能告诉我们些什么。

第1组数据是麦可思公司面向浙大2018届本科毕业生所作的关于求职影响因素分布的调查,结果如图1-2所示。排在首位的是学校声誉,其次是工作能力,再次是相关实习及工作经历,排第四位的是明确的求职目标,专业背景仅排在第五位。这从一个侧面说明,对于相当多的职业岗位而言,专业背景的影响确实没有我们平时印象中的那么大。

第2组数据是基于麦可思公司2014—2017连续四年对浙江大学本科毕业生的调研结果。这里仅列举两类大家相对比较熟悉的职业类别,如图1-3所示。对于商业与金融财务类职业而言,商科类专业如经济学院、管理学院和公共管理学院的毕业生仅占到"半壁江山",还有近一半来自非商科类的专业。教育类职业毕业生的专业来源则更加多元,来自人文、外语和教育学院这些我们认为更可能从事教育类职业的毕业生仅占三分之一,还有三分之二的毕业生出自其他院系的各个专业。

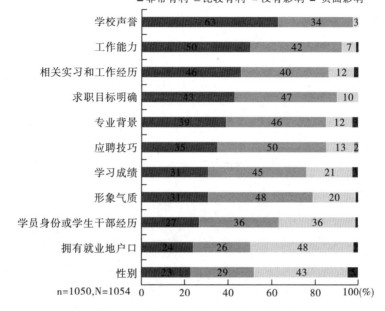

图1-2 本科毕业生求职影响因素分布

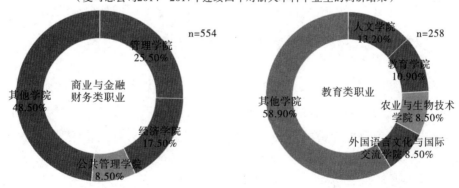

图1-3 部分职业毕业生的院系分布

近年来,很多高校都高度重视的一个就业领域是各级政府招聘的选调生。同学们可能已经有所了解,面向高校招聘的选调生是我们国家选拔和培养高素质后备干部的重要方式。对于今后有志于在社会治理领域有所建树、走从政道路的同学们而言,争取成为中央部委、各省市和县乡的选调生是一个非常好的选择。

以浙江大学为例，应届毕业生中参加选调生选聘的人数，最近几年也是逐年快速增长。从2019届被录取为选调生的362位毕业生的学科分布来看，涵盖了7个学部的35个院系，如图1-4所示。

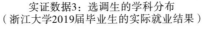

实证数据3：选调生的学科分布
（浙江大学2019届毕业生的实际就业结果）

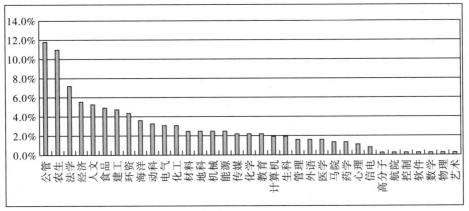

图1-4  浙江大学2019届选调生的院系分布

可见，对于选调生这样的职业岗位来说，影响职业选择的主要因素是价值观、兴趣和综合能力，所学专业与职业选择的关系并不大。尽管如此，公共管理学院从事选调生岗位的毕业生比例最高，这也说明所学专业领域的知识体系对毕业生的职业定位还是有一定影响的，显然专业对口的毕业生在求职中具有更强的就业竞争力。

第4组数据来自浙江大学2019年度的毕业生就业质量报告，如图1-5所示。总体而言，毕业生初次就业的专业相关度在70%左右，反映出专业是毕业生初次就业所能凭借的重要人力资本；但也有30%左右的毕业生所选择的职业与专业的关系并不密切。从学历来看，博士毕业生就业的专业相关度显著高于硕士毕业生和本科毕业生，这与我们平时的认知是高度一致的，毕竟博士在专业方向上的学习更加精深，毕业后也更加倾向于选择与专业较为相关的职业；同时，用人单位也更加倾向于在对专业背景要求更高的职业岗位上招聘博士毕业生。从专业相关度的均值来看，硕士毕业生基本没有性别差异，本科毕业生中男生的专业相关度略高于女生，而博士毕业生中女生的专业相关度略高于男生。

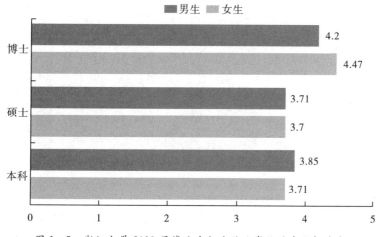

图 1-5　浙江大学 2019 届毕业生初次就业岗位的专业相关度

第 5 组数据也来自浙江大学 2019 年度的就业质量报告，如图 1-6 和图 1-7 所示。显然，医学类毕业生就业的专业相关度特别高，众所周知的原因，医疗卫生领域的职业岗位对专业背景的要求比其他领域要高得多。信息学部毕业生就业的专业相关度也比较高，这是因为目前 IT 行业总体的就业形势比较火爆，而且 IT 行业是现阶段大学毕业生就业最为集中的领域，自然也是绝大部分专业比较对口的信息类专业毕业生的首选。

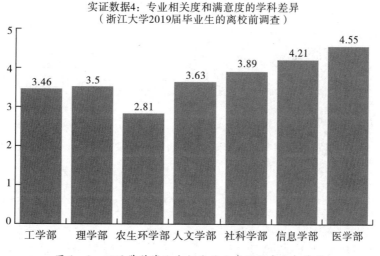

图 1-6　不同学科毕业生初次就业岗位的专业相关度

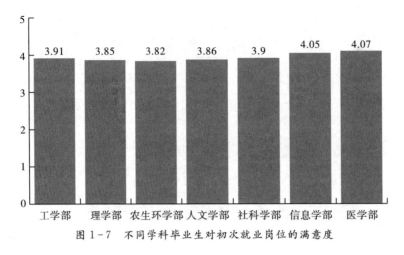

图1-7 不同学科毕业生对初次就业岗位的满意度

从图1-7可见，不同学科毕业生对初次就业岗位的满意度差别不大，这说明跨专业就业的现象，绝大部分是毕业生主动而非被迫的职业选择。当然，从工作满意度的均值来看，工作满意度与专业相关度呈现出一定的正相关趋势，反映出工作岗位有专业基础相比无专业基础而言，毕业生的岗位胜任力通常会更高，也就是说，同学们在自己的专业领域就业会更加有优势。但大家也要清醒地认识到，虽然你的专业让你在本行业内拥有一定的竞争优势，但是世界瞬息万变，在变幻莫测的时代，唯一不变的是自己需要终身学习，而且选择本身就是依据现有信息面向未来的冒险，没有绝对的对与错；更为最重要的是，要为自己的选择努力奋斗，并用奋斗来证明自己的选择是正确的。

### 三、相关资源链接

本节微课的最后，给同学们提供一些有效的资源链接。

#### （一）就业质量报告

通过学校官网可查询自2013年以来的毕业生就业质量公报。以浙江大学为例，在学校官网（www.zju.edu.cn）首页面上点击"校情总览"—"统计公报"—"毕业生就业质量公报"，从2013年开始至今，所有毕业生的就业质量报告均可以查阅。

#### （二）历届毕业生单位去向

历届毕业生在各具体用人单位的人数分布情况可以通过查询学校和院系的就业方案来获取。以浙江大学为例，在浙江大学就业网站（www.

career.zju.edu.cn)首页上的"生涯资讯"栏目中的"就业去向查询"可获得。各院系的就业质量微报告通常会发布在院系的微信公众号相关栏目或者院系的就业网站的相应栏目。

在此,以心理系历届毕业生的就业去向查询为例来给同学们做个简要说明。根据查询结果,心理系2019届硕士毕业生的主要去向是IT行业和房地产行业的头部公司。若同学们需要了解学长学姐所在的单位、部门以及所从事的具体职业岗位方面的详细信息,建议大家找相关校友进行生涯人物访谈。从这个资源获取渠道,同学们就可以比较全面地了解到本校各个院系、学科、专业的学长学姐初次就业时在各类用人单位的具体分布情况。

## 第二节 核心要点——我们应该怎么办

本节与大家分享有关专业与职业选择的几个核心要点,希望同学们能够想清楚后续应该如何采取行动,找准自身的生涯发展目标,提高学习生涯与求职阶段的综合效能。

### 一、个人职业定位

首先是关于职业定位的问题。图1-8这个公式给出的是同学们进行职业定位时应该考虑的主要因素,包括职能、行业和组织。

图1-8 个人职业定位需要考虑的主要因素

对职能或职位的选择主要与技能、性格和专业相关。毫无疑问,不同的岗位职能对应着不同的技能要求,同时对专业技能的要求也不一样。比如,研发、生产、财务类的岗位通常对相关的专业技能要求比较高，而销售、行政等通用类岗位通常对专业技能没有太高的要求，更多的是对通用技能的考量。

对行业的选择主要与个人的兴趣、价值观和专业有关。美国大学考试中心（ACT）按照霍兰德职业兴趣类型设计了一套将工作岗位划分为不同职业群的有效体系，并依据工作的主要任务与数据、人际、观点和事物四个要素的关系，把26个职业领域（即相似的工作门类）划分为12个区域，形成了职业全景图，即工作世界地图。我们根据自己的职业兴趣，可以在工作世界地图上看到比较符合自己兴趣的行业领域。行业又有热门、冷门之分，按照所处的发展阶段又可分为曙光、朝阳、成熟、夕阳几个类型。比如，IT行业是当下比较热门的行业，养老产业在我国正处于朝阳期等。有些行业对专业的要求非常高，比如医疗卫生和建筑设计，因为这些领域与人的生命安全紧密相关。

按照传统的单位性质的不同，国家单位可以分为党政机关、各类事业单位、各类企业等。对国家单位的选择主要与价值观相关，比如追求稳定的同学通常更倾向于选择各类事业单位和国有企业，而看重薪酬福利的同学通常更加倾向于选择IT行业的大型民营企业等。当前，随着创新创业和零工经济的兴起，自主创业、自由职业和灵活就业也将越来越成为风潮。

### 二、个人职业选择

在进行职业选择时，同学们通常都会考虑想去哪儿和能去哪儿，也就是说会结合自身的兴趣、价值观和能力来衡量，往往对于该去哪儿考虑得还不够多（如图1-9所示）。该去哪儿是国家和学校的人才培养目标，也是同学们在进行职业选择时需要考虑的重要方面。

在当前实现中华民族伟大复兴的历史进程中，青年需要对祖国有担当，把自身的职业选择与党和国家的需要紧密结合在一起，这样也能够拥有更大的职业发展空间，为祖国和人民作出更大的贡献，从而更好地实现自己的人生价值。所以，最佳选择是想去哪儿、能去哪儿和该去哪儿这三者的重叠区。

每所学校都有自己的人才培养目标和定位。以浙江大学为例，学校的人才培养目标是"培养德智体美劳全面发展，具有全球竞争力的高素质创新人才和领导者"。目前，浙江大学把精准服务国家重大发展战略作为毕业生就业的重点引导方向，包括深入西部基层、覆盖重点行业和参与全球治理等领域。

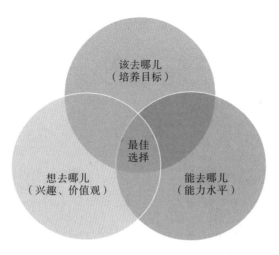

图1-9 个人职业选择需要考虑的主要因素

国防军工、国际组织、选调生、国家级学术机构、重要国企央企、重要金融机构、重要媒体、大健康、乡村振兴等均是重点就业领域,服务国家西部大开发战略也是重点地域流向。近年来,浙江大学到这些重点领域、重要行业就业的优秀毕业生人数呈现出逐年增长的态势。

### 三、能力提升与求职择业

同学们都很清楚,职场中是靠业绩说话的。毫无疑问,在校期间,提升个人的素质与能力是有效扩大最佳选择区间的重要途径。在能力的提升方面,此处以职业能力的三分类为例来给大家做个解析。为了更加直观地说明,用一棵大树来打个比喻,如图1-10所示。

一提到专业,大家马上就会联想到专业技能——专业技能是知识层面的,用名词和数量词表示,比如:材料工程、计算机、英语等都是代表专业的词汇;英语六级、学业绩点(GPA)4.5、专业排名等则都包含了代表专业知识掌握水平的数量词。专业技能好比是一棵树的树冠,有些专业技能的更新换代很快,就像有些树每年都落叶一样。可迁移技能也称通用技能,是行为层面的,可以从生活中迁移到工作中,用动词来表示,比如:组织、领导、沟通、交流等都是可迁移技能。可迁移技能好比是一棵树的树干,会随着我们阅历的增长而不断得到锻炼和提升。自我管理技能是态度层面的,用形容词或副词来表示,比如:积极的、主动的、有责任感的。自我管理技能也是一个人的个性品质,是个人的核心技能,就好比是一棵树的树根,虽然在地面上看

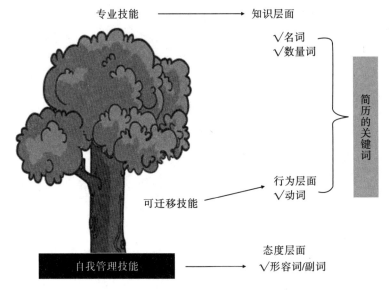

图 1-10 能力提升与求职择业

不到，但却滋养着我们的可迁移技能的提升与专业知识技能的学习。地面上可见的动词、名词和数量词构成了简历的关键词，而形容词或副词所代表的自我管理技能则隐含在个人的成就事件中，就像树根埋藏在地面下一样，所以形容词和副词一般不作为简历的关键词。

个人简历是同学们过往闪光的足迹，是通过行动做出来的，因此大家要尽早树立起"简历意识"，积极主动、卓有成效地为后续的求职择业做准备，做好"以终为始"的职业生涯规划。

### 四、用人单位最看重的能力和素质

哪些能力和素质是用人单位最为看重的？根据一些职业科学实验室的调查结果，在 2020 年用人单位最希望员工和候选人提升的素质型能力中，自主学习、人际沟通与协调、抗压与情绪管理、团队合作、解决复杂问题以及创造创新排在前 6 位，且都得到 30% 以上用人单位的认可。可见，养成快速自主学习的习惯至关重要，因为未来工作岗位上所需要的大量知识与技能都是需要持续学习实践才能掌握的。

### 五、毕业生的可就业性

在毕业生的可就业性方面，国内外都有学者基于生涯资本理论的观点开展研究。北师大于海波学者等通过系统的实证研究发现，我国大学生的可就业性由人力资本、社会资本和心理资本三种资本的八个因素构成的3C模型来描述和衡量。人力资本主要包括人际关系、团队合作、学习能力、问题解决；社会资本主要包括社会支持、网络差异；心理资本主要包括乐观开朗、职业认同。这三种资本构成的可就业性是一个相互联系、相互促进的整体。从大学生可就业性的主要构成因素可看出，可迁移技能和自我管理技能占据主导地位。同学们也需要尽早制订基于上述3C模型的自我职业生涯发展策略，其中，完善自身的积极心理资本是可就业性开发的动力源泉，不断拓展自身的社会关系网络是可就业性开发的关系保障，不断开发自身的人力资本则是可就业性提升的能力基础。

### 六、成功所需素质

未来学家、管理大师约翰·奈斯比特（John Naisbitt）在其《大挑战——21世纪的指南针》一书中提出，未来社会人们在充满变化的世界中获得成功的五条指导性原则主要包括"乐观而又富于想象""热衷变化——更具灵活性""珍视进取精神""找到平衡"以及"发挥个人领导作用"五个方面。显然，这些都属于通用素能和个性品质的部分，而且这些指导性原则对你的帮助有多大很大程度上取决于你的心态。

约翰·奈斯比特曾经在中国回答记者关于"对中国的年轻人有什么建议"的提问时谈到，"希望年轻人可以早些自我决定自己要成长为什么样的人，早些了解这个世界，知道自己需要什么，可以为这个世界提供什么。"其实质也是期望年轻人能够尽早做好生涯规划与职业选择。

### 结束语

专业与职业选择的关系可以用图1-11来做个概括总结。通常来说，同一个职业往往可以包含多个专业来源的人，而同一个专业的人又可以有多种职业选择。尽管如此，综合前面所讲内容，大家可以发现，职业远比专业更重要，而且，选择职业也是选择生活方式。未来职业生涯的成功与大家的综合素能以及所付出的努力是密不可分的。

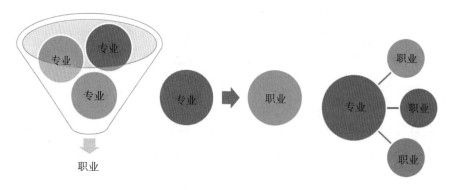

图 1-11 专业与职业选择的关系示意图

希望同学们都能"选我所爱,爱我所选",积极行动起来,为自己的选择负责。唯有如此,大家才能拥有一个辉煌精彩的未来!

## 拓展阅读

### 资深招聘人员学长对学弟学妹的若干建议

杨师兄:本科毕业于浙江大学电气工程学院电子信息工程专业,并辅修了竺可桢学院创新与创业管理强化班;硕士毕业于浙江大学电气工程学院电力电子专业。任宝洁供应链管理部销售预测总监、宝洁杭州招聘经理,是宝洁大中华区的五星招聘人员之一。

学弟学妹们,你们好!我是你们的杨师兄,已有十年多的工作经历,并且自2016年开始兼职担任公司的招聘人员,2018年被评为宝洁大中华区五星招聘人员。非常荣幸给大家做一个关于自己对专业和职业选择这个话题的微分享,也很高兴以一个师兄的身份,以我十年的职场生涯经历,分享我的一些思考和建议。

一、关于如何做选择的思考

1. 以终为始,抓大放小

在这个原则下面,你要想一想,你最终想要过什么样的生活?你的职业发展大的方向在哪里?以及哪些因素是决定因素,哪些因素只是作为你做决定的一个参考因素。举个例子,如果我的方向是干工程或科研类的方向,那肯定这个行业、这个单位是什么是最重要的;至于工作地点或者收入,在职业生涯初期可能就要将就一下。

2. 选择没有绝对的对错

你唯一要做的就是努力、奋斗，证明你的选择是对的。这个怎么讲呢？意思就是说任何一个选择你都可以看到它积极的一面和消极的一面，但是能够激励你的永远是你看到的积极的一面。你的选择即使是一个完美的选择，但是如果没有你的后续努力，那这个选择也就只是停留在一个选择的状态。所以，换句话说就是，选择是很重要的，但其实也没有那么重要，做了选择以后的努力才是最重要的。人生很短也很长，选择无处不在，以终为始，不忘初心，做好大的选择，其他的选择就会变成小的选择。如果你没有一个大的选择，随时随地你都会遇到一些小的选择，让你感觉像一个大的选择一样要来做抉择。

二、关于对就职行业与所学专业关系的思考

1. 专业是个人在行业里面的竞争优势

你的专业是你在这个行业里面的竞争优势。如果你放弃自己已经花了四年或者六年的学业上的优势，就意味着放弃了一部分你在这个行业里面的竞争优势。举个自己的例子：我是学电气的，德州仪器要来招聘一个同学，显然学农业的或者学经济的等不在招聘范围内的专业的学生肯定不是目标人选。从这个角度讲，你已经PK掉了很多同学。另一方面，我还想强调的一点是，放弃专业优势并不意味着你放弃了自己在学校里面学习专业过程中所培养出的能力。

2. 世界瞬息万变，唯一不变的是需要终身学习

不管你从事的是本专业的工作，还是非本专业的工作岗位，学校里所学习的知识都是远远不够的，都需要你用好自己的学习能力来不断去接受新的东西，并加以应用。

3. 如果一定要跨专业，不建议跨度太大

如果一定要选择跨专业就业，我个人是不太建议跨度太大的转变。举个例子，比如一个学文科的同学，若要跨专业到工程建设项目，显然这个选择背后的代价会更大一些。

以上就是我关于就职的行业和所学专业思考的一些微分享。作为师兄，从我这个角度看没有一个绝对的结论说跨行业就职是好还是坏。但是我觉得以上分享的若干原则可以给到大家一些思考。祝愿学弟学妹们不管是从事跟自己本专业相关的行业，还是从事跟本专业不相关的行业，大家一定要不忘

初心，牢记使命，在自己选择的这个行业里面加油干。

祝福你们！

## 思考题

1. 你是如何考虑自己的专业与未来的职业选择之间的关系的？

2. 若今后打算在专业领域内就业或者是跨专业领域就业，你的主要优势有哪些？如何更好地扬长避短？

3. 当下你需要采取哪些行动？第一步做些什么？具体怎么做？

# 第二章 自我探索结果及应用

> 知己知彼，百战不殆。
>
> ——《孙子兵法·谋攻篇》

### 学习目标

- ❖ 了解自我探索的主要内容和相关的生涯理论。
- ❖ 客观科学地分析和解读自我探索的结果。
- ❖ 将自我探索的方法运用于理解他人。

大家可能会觉得自我探索是自己的事，好像不需要别人来教。可是，如果问你几个问题，诸如"身边的家人、同学、朋友都是如何形容你的？""请你用十个词语来描述自己能给别人或社会带来的影响？""你觉得自己最大的优势是什么？""影响你进步的最大阻碍是什么？"你能快速回答出这些问题吗？是不是感觉并没有那么容易？那么，自我探索到底有什么意义，我们又该如何进行自我探索？

认识自己，是一个永恒的命题。从出生到走向人生的最后，我们一直都在认识自己。这是一个非常重要的过程，只有我们认识和了解自己的兴趣类型和感兴趣的原因，认识和理解自己所习惯的获取信息、分析信息、作出决策和采取行动的方式，认识和澄清自己的价值体系及排序，才能够更好地去认识世界，更好地进行决策，最终选择更适合自己发展的人生道路。

本章主要包含三个方面的内容：第一部分介绍自我探索的生涯理论，包括霍兰德兴趣理论、MBTI性格类型论、能力及价值观的定义和分类等。第二部分是通过不同的自我探索方法对自我探索的结果进行分析。第三部分是在生涯规划中运用自我探索的结果。

## ▶ 第一节 自我探索的生涯理论

每个个体都是独一无二的。科学、客观的自我探索是职业生涯规划的首要前提，如图2-1所示。

图2-1 大学生职业生涯规划的过程

### 一、自我认知理论

生涯大师唐纳德·E·舒伯(Donald E. Super)曾说："自我认知就是你如何看待你自己。"自我认知理论认为：

(1)每个人因能力、兴趣、性格等的差别而不同。

(2)每一种职业需要一系列不同的能力、兴趣和性格特质。

(3)每个人都可以胜任若干种职业。

(4)个体的兴趣偏好、技能特长、性格特点、价值观体系及外界环境的认知，可以随着时间和经验的变化而发生改变，所以需要持续的自我探索和认知；

(5)工作和生活的满足感来自工作和生活为个人能力、兴趣、性格和价值所提供的自我实现的程度。

(6)本质而言，职业生涯的规划和发展就是对自我认知的贯彻和拓展。

自我意识的改善，自我探索能力的提升，都会提高一个人寻求更适合自己独特个性工作的可能。自我探索的内容包括兴趣探索、能力探索、性格探索和价值观探索四个部分。

## 二、兴趣探索

很早以前，心理学家们就认识到兴趣对职业选择的重要性。大量研究表明，兴趣与工作满意度、职业稳定性和职业成就感之间都存在着明显的关联。

### (一)什么是兴趣

兴趣，是人们内心动力和快乐的来源。国外对兴趣有两种普遍的定义，一种是汉森(Hanson，1973)提出的，职业兴趣是喜欢且持久的一种取向，是了解一个人职业和教育行为有用的工具；另一种是霍兰德(Holland，1959)提出的具有广泛社会影响的职业兴趣理论，认为人的人格类型、兴趣与职业密切相关，兴趣是人们活动的巨大动力，凡是具有职业兴趣的职业，都可以提高人们的积极性，促使人们积极地、愉快地从事该职业，且职业兴趣与人格之间存在很高的相关性。

国内学者也提出了自己的观点，刘广珠(2000)指出：兴趣是人们力求认识某种事物和从事某项活动的心理倾向，它表现出人们对某件事、某项活动的选择性态度和积极的情绪反应。李永鑫(2003)认为：兴趣是指人积极探索某种事物的认识倾向，并力求认识、掌握、参与该种活动的心理倾向。

"兴趣是最好的老师"，指的就是兴趣对人们认识事物和从事活动具有巨大推动力，是推动人们进行求知活动和学习的重要心理因素，它能使人集中精力，积极从事某种活动，并从中获得愉悦感。

### (二)什么是职业兴趣

当兴趣直接指向与职业有关的活动时，就称之为职业兴趣。龙立荣等人(1991)认为，职业兴趣是兴趣在职业选择方面的一种表现形式，即职业兴趣是个人兴趣在职业上的体现。

霍兰德认为，兴趣是描述人格特质的另一种方法，是关于职业选择中最重要的人格的一种更广义的概念。他提出了职业兴趣六边形模型，将人们的职业兴趣分为实用型(R)、研究型(I)、艺术型(A)、社会型(S)、企业型(E)和事务型(C)六种类型。该模型的特点是：相邻职业兴趣类型间的相关性最大，相间的类型之间相关性次之，相对的类型之间相关性很小。普瑞迪格（Prediger，1976）提出了两维模型，他考察了"人—事物"和"资料—观念"这两种维度与霍兰德提出的兴趣类型之间的关系，进一步夯实了霍兰德的理论基础（如图2-2所示）。

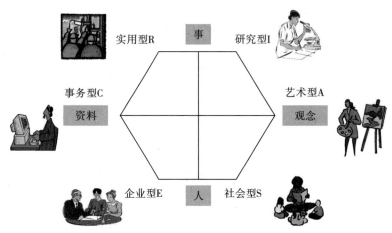

图2-2 霍兰德兴趣类型论及潜在结构

### （三）自我职业兴趣与职业环境的匹配

在兴趣类型理论的指导下，霍兰德于1953年编制了职业偏好量表（Vocational Preference Inventory，VPI），后来又在此基础上发展成自我导向探查表（Self-directed Search，SDS），并提出了"兴趣类型与工作环境相匹配"的理论（1970），其基本假设是：

（1）人的兴趣可以分为六种类型。通常用3个字母的代码表示一个人的职业兴趣，这3个代码不同的顺序表示了兴趣的强弱程度。比如：SRI和IRS的人，具有相似的兴趣，但他们对同一类型事务的兴趣的强弱程度不同。

（2）职业环境也可以分为六种类型。同一职业群体内的人具有相似的人格特征，因此对情景和问题会有类似的反应，从而产生特定的职业氛围，即"职业环境"。职业环境是被某种具有特定人格类型的人所主导的，所以其名称及性质与兴趣类型的分类是一致的。

（3）人与职业环境的类型匹配是形成职业满意度和成就感的基础。目前常用的生涯自评工具中常用的职业兴趣探索问卷就是基于SDS本土化而来。

一般而言，专业确定的是学习的知识领域和研究对象，任何一个专业都有能够对应六种职业兴趣的职业环境。图2-3是国内学者刘慧（2015）根据地球科学专业毕业生的就业情况绘制的职业世界探索六边形。因此，无论什么兴趣类型，总能在本专业找到适配自己兴趣类型的职业环境。可见，无论所学的是哪一个专业，就业时都能不同程度地适配到自己的兴趣类型，只是程度有所差别。从我国大学生的职业兴趣来看，选择理工科类专业学生的兴趣型大多倾向于实用型和研究型，选择文史经管类学生的兴趣型则更倾向于企业型和事务型。

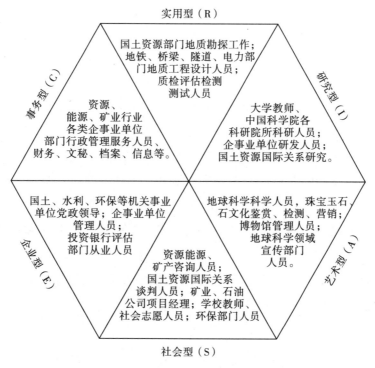

图 2-3　地球科学领域职业世界探索六边形

## 三、能力探索

能力包括天赋和技能。天赋，是每个人出生就被赋予或拥有的特殊才能，也被称为潜能。技能，是经过学习和练习培养形成的能力。在职业生涯规划的自我探索中，能力主要是指经过学习和练习培养形成的技能。对技能的识别和分析，是职业生涯规划的重要环节。

### (一)技能的分类

辛迪·梵(Sidney Fine)和理查德·鲍尔斯(Richard Bolles)将技能分为三种类型。

(1)专业知识技能,也称为内容性技能,是与工作内容相关的。具体的、专业化的、针对某一特定工作的基本技能,一般用名词表示,比如:数学、计算机、英语。大学生在学校通过书本学到的、涉及学科专业的内容都属于知识性技能。其显著特点是需要有意识的学习和训练才能习得。

(2)可迁移技能,也称为功能性技能,是指那些与某项具体工作没有必然关联的通用性技能,一般用动词表示,比如:学习、表达、沟通、合作、分析等。可迁移技能在日常活动中就能够获得和改进,是对所有工作都适用的、有价值的、非传统智力能力领域的技能,这些技能的培养更多的是在课堂之外,需要同学们在学习、生活和各种活动中树立培养这些技能的主动意识。

(3)自我管理技能,也称为适应性技能,通常指的是一些人格特质或个性特征,一般用形容词或副词表示,比如:认真地、积极地、乐观地、有责任心的。自我管理技能可以帮助个体更好地适应周围环境,以及在环境中更好地调整自己。在实际工作中,用人单位往往也更看重员工的这部分技能。自我管理技能属于个性品质部分,是个人所拥有的核心技能。同学们应在日常学习和生活中注意培养和提升自己的自我管理技能。

知识性技能是最容易被识别的,也最容易习得的。但是,知识性技能如何被运用,以及运用的效果,却取决于可迁移技能和自我管理技能。因此,大家决不能只把关注的焦点放在知识性技能的学习上,而忽视对可迁移技能和自我管理技能的培养与提升。

(二)技能与职业的匹配

技能是职业适应性的首要和基本的制约因素。人的技能水平和发展方向不同,不同的职业对人的技能也有不同的要求。在求职择业阶段,评估技能与职业是否匹配的基本原则如下。

(1)技能水平应与职业层次基本一致。不同层次的职业岗位,由于所承担的责任不同,对人的技能也有不同的要求。因此,应根据自己所达到的或可能达到的能力水平确定相吻合的职业层次。

(2)要能够充分发挥自己的优势技能。每个人都拥有一个由多种技能组成的技能系统,系统中的各方面技能发展存在不平衡的情况。求职择业时应注重考虑能适配和发挥自己的优势技能,选择最能运用优势技能的职业。

(三)识别优势技能

界定自己的技能优势并不是一件容易的事。由于不善于总结,或从小被教导要保持谦虚的态度，或由于已经得心应手而不觉得是技能，抑或是过往没有用到某项技能就认为自己不具备这种能力等原因，当同学们被要求列出技能清单时，往往写不出多少技能。但实际上很多时候，同学们已经从生活经历中获得了数以百计的技能，只不过还需要通过进一步总结、归纳来挖掘和明确自己的技能优势，并运用到职业生涯发展中。界定技能优势的途径有以下两种。

(1)通过成就经历确认自己的技能。如成就故事法：按照 STAR 法则即形势(S)、任务(T)、行动(A)、结果(R)四大要素写下生活中有成就感的具体事件然后对其进行分析，看其中使用了哪些技能(尤其是可迁移技能)。事件只要符合以下两条标准，就可以被视为"成就"：你喜欢做这件事时体验到的感受，你为完成它所带来的结果感到自豪。

(2)为自己的职业技能排序。了解自己的技能清单后，要为这些技能进行排序，从自己最习惯使用和擅长使用的技能开始排，直到最不习惯和最不擅长的技能。通过排序可以了解自己的核心技能和就业竞争力。排序时，同学们要注意这些技能必须符合下列三个条件之一：①自己喜欢使用的；②可以证明自己拥有或能够通过培训学习提升的；③能够迁移到工作情境中的。

### 四、性格探索

"在这个世界上，没有两片完全相同的叶子，也没有性格完全相同的两个人。"不同的职业性格适合的职业也会有所不同。

#### (一)什么是性格

性格是人对现实的稳定态度和习惯化行为方式的总和，表现为个体独特的心理特征。性格是在社会生活中逐渐形成的，同时也受个体的生物学因素影响。性格没有好坏对错之分，但有适合与不适合之别。

#### (二)性格的分类

现有的划分性格类型的理论有很多种，MBTI性格类型理论是其中一种，在职业生涯规划中应用非常广泛。该理论深入系统地把握了人的不同性格特点，揭示了不同类型的人有不同的思维、决策、行为模式，同一种类型的人在思维、决策、行为等模式方面是相似的。MBTI性格类型系统把人的性格分为四个维度，每个维度有两个方向见表2-1。

表 2-1 MBTI 性格理论

| 维度 | 方向 | |
| --- | --- | --- |
| 能量倾向 | 外向 Extraversion(E) | 内向 Introversion(I) |
| 接受信息 | 感觉 Sensing(S) | 直觉 Intuition (N) |
| 处理信息 | 思考 Thinking (T) | 情感 Feeling(F) |
| 行动方式 | 判断 Judging(J) | 知觉 Perceiving (P) |

每个人的性格都在四种维度相应分界点的这边或那边，被称为偏好。性格理论可以帮助解释为什么不同的人感兴趣的事物不同，擅长的工作不同，并且有时还难以互相理解。

(三)性格类型与职业发展

在现实生活中，每个维度的两个方面人们都会用到，只是其中的一个方面用得更自然、更容易、更快捷、更舒适，就好像每个人都会用到左手和右手，有的人习惯用左手，有的人习惯用右手。性格类型也是同样道理。MBTI的四个维度以及每个维度的两个方面，一共可以组成16种性格类型。性格影响了一个人对职业的适应性，不同的性格类型对应有不同的职业偏好和可能适应的职业环境。

在运用MBTI性格类型时，需要注意以下几点：

(1)性格类型没有对错，在工作或人际关系上，也没有更好或更坏的组合。

(2)每一种性格类型都具有独特的优点。哪一种性格类型最符合你，是由你自己来做最后判断的。你的性格测评结果是根据你在回答问题时的选择来评估你最可能属于哪一种性格类型；但是，只有你自己才知道你真正的性格类型。

(3)可以用性格类型理解自己，但不能以它作为做或不做任何事情的借口。不要让性格类型左右你选择任何职业、活动或人际关系。

(4)要留意自己对类型的偏见，借此避免负面刻板地把别人定型。

## 五、价值观探索

价值观和内在需要，是影响一个人确立未来方向、平衡各种因素的一个重要砝码。

(一)价值观的定义和性质

价值观是一个人对周围的客观事物(包括人、事、物)的意义、重要性的总评价和总看法。这种价值的观念会影响和左右人们在生活、工作中的决策。对客观事物的看法和评价在心目中的主次、轻重的排列次序，就是价值观体系。

价值观是通过与他人和环境的互动和体验得来的。价值观的形成，受到包含了父母价值观、社会价值观、民族和文化传统、教育经历、书报和影视作品、朋友和同伴等各种因素潜移默化的影响。

在特定的时间、地点、条件下，价值观具有相对的稳定性和持久性。比如，一个人对某种事物的好坏会有一个看法和评价，在条件不变的情况下，这种看法一般不会改变。但由于个体所处的生涯发展阶段、社会环境的不同，自身的需求会发生改变，从而可能导致价值观的变化。在当今多元社会中，多种价值观的冲击也会导致原有价值观体系的混乱乃至改变。因此，价值观需要不断地审视和澄清。

(二)职业价值观与职业选择

职业价值观是个人价值观在职业活动中的反映，是职业决策考虑因素的重要组成部分。职业是生活中最重要的活动，从职业中获得什么样的回报，是每个人在择业时必须且一定会考虑的问题，它同时也决定了个人对职业满意度的评估。同学们在进行职业生涯规划时所关心的问题，其实就构成了一系列的职业价值观，它们给予工作明确的目标和意义。

职业价值观通常都与某种职业紧密相关，是个人和工作匹配的基础之一。价值观与职业的契合度越高，职业的满意度就越高；如果自我认定的价值观在某种职业中缺失，就会出现职业错位的现象。

没有任何一种职业可以满足个体所有重要的价值取向，因此在价值观的探索过程中，要学会区分价值取向的优先次序，澄清个体所有价值观之间的相对重要性。在进行职业生涯规划时，同学们可以列出本人价值观清单，明确社会主义核心价值观，建立自己的价值评判体系，以指导自身的职业选择与决策。

## 第二节 自我探索结果分析

### 一、自我探索的方法

自我探索的方法有很多，包括自我反省法、他人比较法、成就回顾法、360°评估法、橱窗分析法、职业测评法、专业咨询法等。

(1)自我反省法。通过对自己成长经历的回顾，发现自己的职业兴趣、能力特点等；通过与过去的自己相比，可以发现自己的成绩和进步，从而发现和总结经验；通过与理想自我的比较，可以找出存在的差距，明确努力的方向。可以使用"生命线"来练习。

(2)他人比较法。通过比较自己与他人在能力、性格等方面的异同，进一步深入认识自我。

(3)成就回顾法。自我的各个方面都是在具体事件中表现和反映出来的，通过对自己在学习、社会工作、人际交往等各方面的能力和成效加以自我认识，可以获得关于自己能力、兴趣、价值观等多方面的信息。

(4)360°评估法。了解自己生活中重要他人对自己的看法，包括家人、老师、朋友、同学等。这种评价方法可以减少盲目的自我评估。当他人对自己的印象和评价都很一致时，这个反馈意见就非常值得去重视。在获得多次反馈后，关键在于能够区别分辨，尤其对于某些与其他反馈差异较大的意见，要特别用心辨别，因为这个反馈所强调的，很可能是一条被自己忽视且一般人也容易忽略的重要信息；也可能体现的是你与反馈者之间独特的关系。

(5)橱窗分析法。这是一种借助直角坐标系四个象限来表示对自我认识不同方面角度的分析方法，以别人是否知道为横坐标，以自己是否知道为纵坐标，构建了四个象限(如图2-4所示)。其中，"公开我"，是自己知道且别人也知道的部分；"隐私我"，是自己知道但别人不知道的部分，比如童年往事、内心的一些想法等；"背脊我"，是自己不知道而别人知道的部分，比如自己的一些口头禅或习惯的小动作等，自己已经习以为常而不自觉，但他人却比较容易观察到；"潜在我"，是自己不知道且别人也不知道的部分，往往是因为没有过类似的经历而无法获悉自己所具有的某个方面。

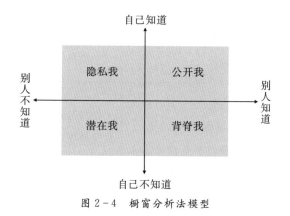

图 2-4 橱窗分析法模型

（6）职业测评法。这是高校开展职业生涯规划教育和指导中，提供给大学生进行自我分析的最常用的评估工具。一般在学校就业中心或与专业人才机构等共建的平台、网站上都会提供评估个人兴趣、能力、人格特质、价值观等的标准化测试。

（7）专业咨询法。对于一些个体无法突破的困惑，可以寻找生涯规划师或生涯咨询师等专业人士提供服务。学校就业指导中心通常可以提供这方面的咨询。咨询师可以在整合来访者信息的基础上，帮助和引导来访者挖掘出更有意义的信息。

值得一提的是，在认识自我的过程中，不要过度注意自己的缺点，或者将自己的特质和表现与理想标准或目标他人简单比较。这种不成熟的比较往往会造成负面的影响，强化自我"不如他人"的刻板印象，从而破坏自尊心，导致自我效能感的降低。

## 二、基于测评的自我探索综合分析

### （一）兴趣测试结果

职业兴趣测验可以帮助个体明确自己的主观意向，从而得到最适宜的活动情境并给予最大的能力投入。在生涯规划自我测评系统中，职业兴趣测试一般是第一个模块。职业兴趣测评的结果是一个六边形的雷达图，结果给出了个体的6个霍兰德职业兴趣代码的分值，按得分从高到低排序选出前三个代码，即为自己的霍兰德职业兴趣代码，并由此可以查出适合自己兴趣的第一份职业清单，也就是通过兴趣类型和职业类型进行匹配后得到的职业清单，参见表2-2所举例子。

表2-2 霍兰德职业兴趣类型与可能的职业偏好

| 兴趣类型 | 典型特征 | 适合的工作环境 | 可以优先考虑的职业 |
| --- | --- | --- | --- |
| 实际型 | • 动作敏捷，做事手脚灵活，具有较强的动手能力和动作协调能力；<br>• 很现实，重视物质，不是理想主义者，追求安定、舒适的生活，重视现在胜于重视未来；<br>• 不善言辞，喜欢用实际行动代替言语表达，不擅长与人交际；<br>• 情绪稳定，忍耐力强，给人的印象是诚实、谦和、节俭、脚踏实地；<br>• 思想较保守，对新鲜事物不太感兴趣，情感体验也不太丰富；<br>• 喜爱具体明确、需要动手操作的工作环境，对需要技术、体力的活动表现出浓厚的兴趣，较不喜欢需要社交、与人接触的活动 | • 较多运用到身体的实际操作，需要具备机械方面才能、体力；<br>• 通常需要运用到某些特殊的技术，以便进行机器的修理、电子器材的维护、汽车的驾驶或动物的畜养等；<br>• 处理与具体有形的物体接触的问题比处理人际问题更重要；<br>• 容易造成生理伤害或意外事件 | 如外科医生、录音师、制图员、厨师、水利水电建筑工程师、水处理工程师、硬件工程师等 |
| 研究型 | • 擅长对各种现象进行观察、分析、判断和推理，喜欢与符号、概念、文字、抽象思考有关的活动；<br>• 是思想家而非实干家，抽象思维能力强，头脑聪明，思考理性、有逻辑，但有时不愿动手；<br>• 关注如何创造性地解决问题，能提出新的想法和策略，而不愿循规蹈矩；<br>• 求知欲强，知识渊博，有学识才能，但较不喜欢领导和竞争；<br>• 个性独立、温和、谨慎、保守、内向 | • 通常需要运用复杂抽象的思考能力；<br>• 常常需要采用数学或科学的知识，来寻求问题的解决；<br>• 不太需要处理复杂的人际关系，大多数情况下，需要独立解决工作上的问题 | 如临床研究员、软件工程师、电子技术研发工程师、课程设计与开发人员等 |

续表

| 兴趣类型 | 典型特征 | 适合的工作环境 | 可以优先考虑的职业 |
|---|---|---|---|
| 艺术型 | ・具有丰富的想象力和很强的创造力，乐于创造新颖、与众不同的成果；<br>・对美的事物有敏锐的直觉，具有一定的艺术才能和个性，喜欢以各种艺术形式的创作来表现自己的个性，实现自身的价值；<br>・做事理想化，凭直觉对事物做出判断，追求完美，不切实际；<br>・个性热情、冲动，善于表达，感情丰富、敏感，容易情绪化；<br>・喜欢自由自在、富有创意的工作环境，乐于独立思考、创作，不喜欢受人支配 | ・非常鼓励创意以及个人的表现能力；<br>・提供开发新产品与创造性解决问题的自由空间；<br>・鼓励感性与情绪的充分表达，不要求逻辑形式；<br>・需要具备艺术修养、创造力、表达能力和直觉。 | 如装潢设计师、演员、导演、主持人、化妆师、摄影师、作家等 |
| 社会型 | ・关心社会的公平和正义，往往有较强的社会责任感和人道主义倾向；<br>・对人慷慨、仁慈，喜欢倾听和关心别人，能敏锐察觉别人的感受；<br>・个性温暖、友善，乐于助人，善言谈，能与周围的人融洽地相处，令人信服；<br>・在团体中，乐于与人合作，有责任感，不爱竞争；<br>・喜欢从事与人接触的活动，关心人胜于关心物 | ・鼓励人和人之间的和谐相待、互相帮助、和睦相处；<br>・充满了有教无类的经验指导与交流、心理的沟通、灵性的扶持等，如提供信息、启迪、帮助、培训、开发或治疗等；<br>・强调人类的核心价值，如理想、仁慈、友善和慷慨等 | 如大学教师、中学教师、小学教师、心理咨询师、客户关系管理员、公务员、护士、高校辅导员等 |

续表

| 兴趣类型 | 典型特征 | 适合的工作环境 | 可以优先考虑的职业 |
| --- | --- | --- | --- |
| 企业型 | •精力充沛，自信，个性外向积极、有冲劲，热情洋溢，富于冒险，喜爱竞争，支配欲强；<br>•社交能力强，特别善于沟通协调，具有领导才能，能够影响、说服他人共同达到组织或个人的目标；<br>•做事有组织、有计划，喜欢立刻采取行动，有时比较武断；<br>•为人务实，喜欢追求权力、财富和地位，习惯以利益得失、权利、地位、金钱等来衡量做事的价值，做事有较强的目的性 | •需要展示自己的经营、管理、劝服、监督和领导才能，并实现机构、政治、社会及经济目标；<br>•充满了权力、金融或经济的议题，需要胆略、冒风险和承担责任；<br>•重视升迁、绩效、权力、说服力与推销能力；<br>•非常强调自信、社交手腕与当机立断 | 如项目经理、房地产销售、职业经理人、律师、拍卖师等 |
| 事务型 | •个性保守谨慎，尊重权威和规章制度，喜欢按部就班地办事；<br>•工作踏实，忠诚可靠，遵守纪律，自我控制能力强，喜欢有秩序的、安稳的生活；<br>•喜欢关注实际和细节情况，做事认真仔细，讲求精确，有秩序，有效率，有责任感；<br>•习惯接受他人指挥和领导，愿意执行上级命令，乐于配合和服从，不习惯于自己对事情做出判断和决策，不喜欢改变、创新和冒险 | •注重组织与规划，需要注意细节、精确度，职责明确，条理清晰，高度有序；<br>•需要对数字、资料等进行明确、有序和系统化的整理；<br>•需要运用到数字与人事行政的能力 | 审计专员、出纳、图书管理员、会计核算专员、预算分析师、打字员、秘书/助理、快递业务员、档案资料管理员等 |

## (二)MBTI 类型代码

目前职业生涯规划系统中的职业性格测评模块常用的量表为 MBTI 性格量表。通过自测可以得到 MBTI 的类型代码，即关于四个性格维度的偏向，得到由四个字母组成的性格类型代码。根据《MBTI性格类型与可能的职业偏好》对照表(见表2-3)可以筛选出与自己职业性格类型适配的职业环境信息。一般测评结果系统会提供相应职业性格类型在工作中的优势和劣势,以便开展SWOT分析。

表2-3 MBTI性格类型与可能的职业偏好

| MBTI 编码 | 职业偏好 |
|---|---|
| ISTJ | 会计、办公室管理人员、工程师、警察、法律工作、生产、建设、保健 |
| ISTP | 科研、机械、修理、农业、工程师和科学技术人员 |
| ESTP | 市场销售、工程和技术人员、信用调查、健康技术、建筑生产、娱乐 |
| ESTJ | 商业管理、银行、金融、建筑生产、教育、技术、服务 |
| ISFJ | 保健、教学、图书馆工作、办公室管理、个人服务、文书管理 |
| ISFP | 机械和维修、工厂操作、饮食服务、办公室工作、家务工作 |
| ESFP | 保健服务、销售工作、设计、交通工作、办公室管理工作、机械操作 |
| ESFJ | 保健服务、接待员、销售、看护孩子、家务工作 |
| INFJ | 教学、图书馆工作、媒体专家、社会服务、研究和发展 |
| INFP | 咨询、教学、文学、艺术、戏剧、科学、心理学、写作、新闻工作 |
| ENFP | 教学、咨询、广告、销售、艺术、戏剧、音乐 |
| ENFJ | 销售、艺术家、演艺人员、咨询、教学、保健 |
| INTJ | 科学、工程师、政治、法律、哲学、计算机专家 |
| INTP | 科学、研究、工程师、社会服务、计算机程序、心理学、法律 |
| ENTP | 摄影、艺术、市场销售、零售、促销、计算机分析、娱乐 |
| ENTJ | 管理、操作和系统分析、销售、市场营销、人力资源管理 |

除了MBTI性格类型测评,职业规划测评系统还可以提供对个体的360°评估,通过自我评价、家人评价、老师评价、亲密朋友评价、同学评价、其他社会关系评价等,系统获得个体的优点和缺点。

(三)重要价值观清单

目前职业生涯规划系统中的职业价值观测评包含工作环境、美的追求、安全稳定、利他主义、上司关系、成就满足、独立自主、声望地位、同事关系、创造发明、经济报酬、智力激发、生活方式、管理权力、多样变化等十五个维度,每个维度的最高分为10分,通过对十五个维度的得分按从高到低排序，可以得到得分最高的前三个维度，就是个体最看重的三种职业价值观。

价值观的塑造和改变不是通过背诵一套理论概念体系而获得的，而是在真人真事真情感受中，教师朋辈示范影响下习得的，是潜移默化的改变。

价值观探索除了采用系统测评法，还可以使用价值观拍卖、撰写墓志铭等课堂活动，在小组的讨论、交流和思想碰撞中，逐渐澄清个体的职业价值观。

(四)重要技能清单

除教学过程中采用的成就事件法外，也可以进入职业规划测试平台使用职业能力测试模块，对自己的职业技能进行测试评估。

能力测试的量表种类繁多，高校职业规划系统中常用的能力测试量表包括情绪智力测验(包括情绪监控、情绪利用、社会能力、他人情绪评估、情绪智力总分等5个维度)、创造力倾向测验(包括好奇心、想象力、挑战性、冒险性、总的创造力倾向5个维度)、瑞文推理能力测验(智商)等。各高校一般会根据自身的人才培养目标对能力维度的倾向性要求来选择更适配的测验，有的高校还会选择专门的领导力测验等。

特别要注意的是，与性格、兴趣和价值观一样，外部的、客观的技能测验不一定能完全反映真实的自我，测量的结果有时候可能没有主观的自我审视看起来更有用或准确。正确的方法是，综合运用自我表达性的测量和评估性的测量，来完善对自我的认识。

(五)重点探索的职业清单

目前成熟的职业生涯规划测评系统会根据个体职业兴趣测评、性格测评、能力测评、价值观测评及360°评估报告等自我探索的结果，结合同学们注册时填写的专业信息，提供相匹配的职业清单。

该系统提供的职业清单更大的意义在于提供了更多种职业的可能性，可以帮助同学们拓展对自己能够从事的职业类型的认知边界，这个意义甚至大于从中选择一个或两个作为自己的目标职业。

## 三、测评报告解读的常见问题

(一)测评间的冲突

如兴趣测评结果推荐的职业清单与技能测评结果推荐的职业清单不重合。

这是可能的，因为两个测评是各自基于独立的理论模型进行测试的。解决的方法是通过提升相关领域的技能，在满足兴趣的同时提高胜任力，或者通过平衡的方式，将职业技能匹配度不高但感兴趣的方面安排在生活中进行业余体验，获得满足感。

如果拥有某项技能，但不想用此作为职业，该怎么办？用擅长的技能应对职业挑战，能够提升工作的效率。愿意使用的技能可以用于丰富生活，促进生涯的平衡。

### (二)测评与现实的冲突

比如测评结果解释与自己不完全相符。解决的方法是在测评的基础上结合个体情况进行分析，可配合使用橱窗法、360°评估法、个体咨询法等，把测评分数变成对自己的客观认知。

### (三)测评结果与父母期望冲突

虽然父母是重要的社会资源和支持，同时也是360°评价中的重要组成部分，但每个人的人生要自己负责。测评结果与父母期望冲突时，应澄清自己的价值观体系中自我价值实现等价值观维度与满足父母愿望、维护家庭的价值观维度在排序上的关系。另外，个体还需要意识到：在自我探索的过程中，澄清自我的期望和父母对我的期望，是实现自我与父母分离的关键，也是自我成长的起点。

### (四)其他问题

(1)雷同现象。测评本身基于某个理论基础，是有限的样本行为，测评结果有可能出现雷同的图形现象，如图2-5所示，可以看到两个个体兴趣类型的雷达图形状非常相似，每个代码的数值也非常接近，说明两个个体的兴趣类型有相似之处。但每个个体都是独一无二的，要真正认识和理解自己的兴趣类型，还要代入自己的生活体验。

(2)极端分数。可能的原因：作答时刚刚经历剧烈事件导致你的选择都偏向一个方向；作答时环境不适宜或其他因素导致随意作答；按期望的完美形象作答；作答时习惯性选择"是"或"否"；对自己的认识不够准确，过高或过低地评价自己。要避免出现极端分数就要在答题时避免上述情况。

(3)多个职业测评推荐职业冲突。测评系统的推荐职业主要目的是拓宽视野，而不是决定个体的职业选择。因此，推荐得越多，能够选择的可能性就

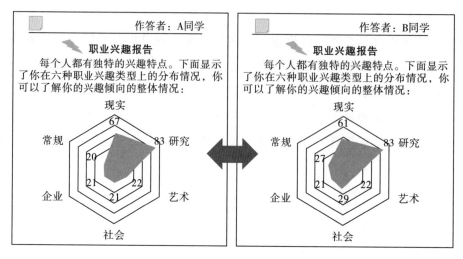

图 2-5 两个雷同的兴趣类型图

更多。解决方案是点击综合推荐职业查看具体内容，在了解职业内涵的基础上进行筛选，同时结合实际情况（如所学专业）考虑职业筛选。

## 第三节 自我探索的结果应用

舒伯曾说："一种职业使你的自我实现或自我认知成为可能。"根据自我探索中兴趣、性格、技能、价值观的结果，可以借此来指导生涯规划。

自我探索与目标职业之间如何关联（见表 2-4）？首先，兴趣是人们内心动力和快乐的来源，也是无论我们能力高低，无论外界评价如何，依然乐此不疲的事。兴趣可以使用霍兰德兴趣类型理论进行探索，它与职业目标的关系往往指向个体想做的事。性格是人对现实的稳定态度和习惯化了的行为方式的总和，表现出的是个体独特的心理特征。MBTI是常用的人格测评理论和测评方法，根据这个人格测评理论可以把人的性格特质分为四个维度，十六种类型；性格有助于个体进一步明晰在职业中什么是适合自己做的。技能是人们通过后天学习和练习而获得的能力，它通常表现为某种动作系统和工作方式，可以分为专业知识性技能、可迁移技能和自我管理技能等三类，指向的是个体能做什么。价值观是个体做选择、做决策、做判断的最终依据，是个体在生活和工作中看重的原则、标准和品质，它有很多种分类的方式，个体要重视的是明确自身价值观体系中各类价值的排序,这指向的是职业中个体认为值得去做的,甚至值得自己用一生去追求的事业。

表 2-4 自我探索与目标职业的关联

| 内容 | 定义 | 与职业的关系 |
| --- | --- | --- |
| 兴趣 | 内心动力和快乐的来源,无论我们能力高低,也无论外界评价如何,我们依然乐此不疲的事情 | 想做的 |
| 性格 | 人对现实的稳定态度和习惯化行为方式的总和,表现为个体独特的心理特征 | 适合做的 |
| 技能 | 人们通过后天学习和练习而获得的能力,表现为某种动作系统和动作方式 | 能做的 |
| 价值观 | 在生活和工作中,所看重的原则、标准和品质 | 值得做的 |

自我探索与职业定位之间的关系中列举出的公式(如图 2-6 所示),在这个公式里,职业的锚定需要行业、组织、职能三方面来共同限定。要了解和探索自己进入的行业,我们需要更多地考虑自己的兴趣和价值观以及专业。根据行业的发展阶段不同,会有冷门和热门,曙光行业和朝阳行业,成熟行业和夕阳行业等差异。同学们可以充分利用工作世界地图这个工具,找到自己适合的行业,而最终如何选择,还是取决于价值观。组织的选择也主要是由价值观来决定的,通常会把它归类为国企、民企、外企,或者说事业单位和企业单位等,实际上现在自由职业和创业的同学也有很多。不同的组织背后代表的不同的组织文化。所以,选择什么样的组织去工作,也是跟每个同学的价值观密切相关的。职能由什么决定?它往往跟同学们的技能和性格特

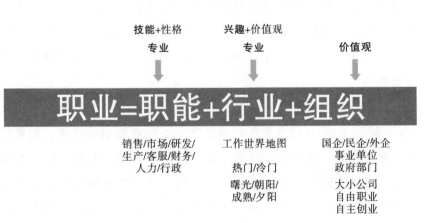

图 2-6 自我探索与职业定位公式

质相关，同学们可以结合自己的专业做一个判断，你擅长做什么，你的个性特质在什么样的环境中容易更好地发挥，将两者结合在一起就形成了你对职能选择的基础。职能指向的是一个岗位，所以大家看到岗位的特质，包括一般企业分类上的销售、研发、生产、客服、财务、人力和行政等，这些都代表着不同的岗位需求，需要不同的职业能力，所以需要同学们结合自己的技能和性格去做出选择。

接下来给大家分享几个真实的毕业生案例，大家猜猜他们的职业满意度如何？

小 A：工科硕士，女，毕业前签了某知名外资企业的销售岗位，性格内向，在校期间担任学生干部但未做过主要负责人。

小 C：人文社科本科，男，在某政府机关从事宣传工作，在校期间策划了多个创意类学生活动，得到同学们的广泛参与。但是也曾因未按计划时间交出活动宣传方案影响了活动举办而被辅导员批评。

小 D：信息学科博士，男，在某政府机关从事纪检工作，本科和硕士都毕业于普通高校，博士毕业于一所重点高校，博士期间一直担任学生党支部书记。

不知道大家是否猜到了，只有小 D 的职业满意度最高，充分发挥了他快速学习和强大的自我管理能力，工作一年内就将纪检相关的法律法规掌握得非常扎实，处理工作游刃有余，处理了多起复杂的信访工作，得到群众和领导的一致好评。小 A 因为性格特质和岗位要求差异较大，工作三个月后就换到了一家国企的交易员岗位（主要从事大宗商品的行业研究工作）。小 C 因为追求自由表达、自由工作的价值观追求与组织文化差异较大，很快换到了一家民企的创意设计岗位，经过沟通领导给予他充分的创意自主权和工作时间自由度。小 A 和小 C 在新岗位上得到了充分发挥，职业发展较顺利，工作满意度也很高。

最后我们再来做一个澄清，自我探索的结果与生涯发展是一个什么样的关系？（见表 2-5）同学们会发现，兴趣决定了行业领域的选择。如果能够匹配，你会觉得快乐，会很投入这个工作。反之，如果不匹配，你可能就会不开心，会带来情绪的问题和效率低下的问题。这种情况解决的方案是建议通过生涯平衡的方式，取得工作和生活的平衡，来满足不同的兴趣需要；性格决定了职位相关的选择。如果匹配，会带来更高的效率。如果不匹配，常常会遇到人际关系的问题。解决的方案是可以通过自我认知来深入了解自己的性格,进一步完善自己的人格,从而更好地去跟职位相匹配;第三个自我探索的方面是技能,它在职业中决定了岗位工作内容的相关方面。在匹配的时候会让人更加自信,不匹配的时候会让人觉得挫败,可能会不断质疑自己"我怎么老是不能够做好这份工作"。

表 2-5 自我探索结果与生涯发展的关系

| 维度 | 择业 | 匹配所带来的 | 不匹配时呈现的生涯问题 | 解决方案 |
| --- | --- | --- | --- | --- |
| 兴趣 | 行业领域 | 快乐 | 情绪问题 | 平衡 |
| 性格 | 职位相关 | 高效率 | 人际关系问题 | 完善人格 |
| 技能 | 岗位(工作内容) | 自信 | 挫败(自卑) | 学习和训练 |
| 价值观 | 职业生涯方向 | 坚定 | 迷茫 | 妥协(有底线) |

不过,我们要清楚,没有一个人的技能可以完全匹配岗位要求,甚至可以说大部分都是不太匹配的,所以我们要不断通过学习和训练,让技能持续提升;最后是价值观的维度,它决定了我们职业生涯发展的方向,当匹配的时候,我们就会更加坚定自己的职业道路,而不匹配的时候我们就会感到迷茫。所以对于这个问题,我们解决的方案就只有两条路,要么放弃,要么妥协,重新找到自己的价值定位。

**拓展阅读**

### 谷爱凌:我喜欢和大家分享快乐与成功的感觉

2022年2月15日,谷爱凌迎来自己在北京冬奥会的第二个比赛项目——自由式滑雪坡面障碍决赛。和上一战滑雪大跳台一样,谷爱凌身边强敌环伺,压力重重。一直号称"大心脏"的谷爱凌,也在赛后透露,自己直到第三跳才真正放下一切,全力发挥出完美的一跳。在以0.3分差距摘得银牌后,谷爱凌作为中国代表团第一位单届拿下两枚奖牌的滑雪运动员,依然意犹未尽。

在结束了自己的比赛后,谷爱凌与当时分数领先者格雷莫德一起在结束区和每一个滑下来的选手拥抱,祝贺大家完成比赛。赛后,谷爱凌说,这是她最喜欢的部分。"我知道,所有运动员都不容易。这也是我喜欢自由式滑雪这项运动的地方。这个运动不分你是什么人,什么国籍,什么种族,大家都是来比赛的，互相看看能做什么动作，大家都会为新的动作庆祝。我喜欢和大家一起分享快乐和成功的感觉。"

在以 0.3 分屈居第二名后，谷爱凌坦言她无法左右分数，所以不会去想这个分数，她只会考虑她可以控制的部分。

第一次来到冬奥会赛场，这位 18 岁小将除了收获了两枚冬奥会奖牌，还发现自己也在成长。"今天非常高兴的是，我发现自己克服压力的能力在增长，我真的做到了很多不可能的事情，打破了界限。在这次冬奥会上，我每天都在打破着界限。我相信在中国，滑雪运动有很大的潜力。"

谷爱凌报名参加自由式滑雪大跳台、坡面障碍技巧和 U 型场地三个项目的比赛，尽管她自己表示这等于有三次冲击冬奥会奖牌的机会，但外界担心的是，她能把赛程安排好吗？对于谷爱凌来说，紧凑的赛程反而让她回到习惯的生活。自从选择了兼顾学业和滑雪运动，谷爱凌学生时代都是这么过来的。别看谷爱凌在冬奥会是菜鸟，却是安排生活、管理时间的大师。

在美国加州，谷爱凌是多个运动项目的尖子——她是校田径越野长跑队的一员，5 公里越野跑纪录 19 分 18 秒；她是校篮球队的控球后卫，曾经在六高中校队联赛获 MVP。她的妈妈谷燕介绍，谷爱凌每天课后都要参加各种运动两个小时。当学习和运动都是不能割舍的爱好时，谷爱凌练成了"分身大法"，也就是时间管理方法。

### 时间大师遇到挑战

2019 年，时间管理大师面临着安排不开时间的困境。根据冬奥会规则，选手要在 2020 年 7 月 1 日至 2022 年 1 月 16 日之间，参加在欧洲、美洲举行的各站比赛，获得足够的国际雪联积分，才能得到奥运资格。这对于想要出战北京冬奥会的全职学生谷爱凌来说，是不可能完成的任务。

在这样的背景下，谷爱凌决定提前结束高中学业，将抢出来的一年时间留给冬奥会备战。当时还在上高一的谷爱凌找到校长，与其做了提前毕业的约定。一年后，2020 年 6 月 8 日，谷爱凌实现了与校长的约定。

谷爱凌妈妈介绍，她在暑假期间通过练习飞气垫、跳海绵池，完成重要的滑雪技能的升级。同时，谷爱凌还开始备考，为接下来的美国大学入学 SAT 考试做准备。

2020 年 9 月是 SAT 考试季，谷爱凌一边在欧洲雪场训练，一边约开设在欧洲的美国 SAT 考场。"爱凌为了不耽误欧洲雪道训练，只能找欧洲考场，有两个不太远。9月26日考点在意大利，结果爱凌考完后，发现分数找不到了；第二次又考，是在瑞士。她是训练时抽空飞去日内瓦考试的。考试前一天，飞机延误，到晚上11点半才到酒店，第二天早上7点摸黑起床去考场。结果因天气下雨事先订的车迟迟未到。爱凌为保证准时到达，在雨中跑了一公里到考场参加的考试。"妈妈谷燕说。

10月19日，谷爱凌收到美国SAT的成绩单。SAT满分为1600分，谷爱凌获1580分，其中数学、英文分别获得790分，最终顺利被斯坦福大学录取。

**秘诀是做好眼下的事**

回顾谷爱凌过往经历可以发现，她从未因为学习放弃体育，也没有因为体育放弃学习。谷爱凌曾经对北京青年报记者说，她现在的目标是成为最好的滑雪运动员，但人生还长，需要不断地学习打开接下来的人生之路。这就要求谷爱凌必须分身有术，为所有兴趣分配好时间。

在北京冬奥会上，谷爱凌恢复精力的武器是睡觉。多数时间，谷爱凌的一天从上午九十点钟开始，下午三四点集中复习；四点之后，她就跟朋友出去玩了；晚上九点回家。认真做好眼下的事，可能就是谷爱凌的秘诀。

"我做每件事都很专心，感觉自己身体内有五六个不同的爱凌。做一件事情的时候，我不会去想其他的，分得很清楚。"她说。

在训练中，谷爱凌同样会想清楚再去做。谷爱凌曾告诉北京青年报记者，她在做每一个动作前，会像过电影一样，在大脑中回放动作，确定有把握才去做。

实际上，任何领域都要有超过本专业领域以外的能力，如对生活的理解，对人性的洞察，对未来趋势的判断，才能帮助人在其领域达到新的高度。也许，谷爱凌在赛场上一鸣惊人的成功秘诀，就隐藏在生活中的细节点滴之中。

（摘自北京青年报《谷爱凌自由式滑雪坡面障碍决赛摘得银牌
明天参加女子自由式滑雪U型场地预赛》，内容有删减）

### 思考题

1. 你采用哪些方法对自己的兴趣进行了探索？通过不同方法的探索你对自己的兴趣有了什么认识？

2. 你在撰写成就事件的过程中，发现了自己有哪些能力？其中又有哪些能力在多个成就事件中存在呢？

3. 你的生涯测评报告中有哪些是像你的？有哪些是不像你的？像你的部分在过去的哪些事件中可以得到验证？那些不像你的部分是否正提示了你还有哪些可能的职业选择？

# 第三章 就业形势与政策

"青年的命运，从来都同时代紧密相连。"

——习近平在共青团成立100周年大会上的讲话

**学习目标**

❖ 了解高校毕业生就业的趋势。
❖ 认识高校毕业生就业面临的问题并分析理解其矛盾产生的根源。
❖ 掌握高校毕业生就业的政策性机会。
❖ 熟悉高校毕业生求职准备的流程及注意事项。

2018年，网上有个视频引起了很多人的关注，事件背景是某市取消了3个项目的高速收费，收费人员面临着工作裁员。有工作人员站出来反对，"我36岁了，除了收费啥也不会。"还有的说，"我们把青春都耗在这了，我现在学东西慢了，也没人喜欢我们，我也学不了什么东西了。"很多网友看到这个视频并进行了热烈讨论，以前以为的"铁饭碗"好像也开始"不保险"了。目前，中国经济由高速增长向高质量发展转变，由规模快速扩张转向更加注重发展质量、可持续性，不仅涉及产出结构的变化，也关联就业结构的调整。高校毕业生是就业的重点群体，当前就业形势基本稳定、稳中有难。2021年，全国普通高校毕业生总规模909万，较上年增加35万，就业总量压力依然很大；与此同时，就业难与招工难并存，结构性矛盾凸显。在高质量发展阶段，高校毕业生如何把握好时代发展大势，利用好就业优先政策，从而实现更高质量、更加充分就业，是当前以及今后供需双方和人才培养单位很长一段时期必须面对的关键问题。

每年一到毕业季，从准毕业生口中听到的最多的一句话就是"找工作太难了！"2020年，突如其来的新冠肺炎疫情给世界经济带来了重大影响，甚至让世界经济出现了短暂的停摆状态。虽然我们在国家的坚强领导下快速遏制住了疫情发展，并且出台了"六保""六稳"政策，全面保障国家经济社会稳定运行，但是全国高校毕业生就业工作仍受到不小冲击，很多高校2020届毕业生就业率较前一年都有所下降。根据智联招聘发布的《2020年秋季大学生就业报告》显示，92.8%的应届毕业生认同就业形势有难度。根据教育部发布的数据，2022届全国高校毕业生人数将持续上升，预计达1067万，同台竞争压力之大可想而知。

那么，实际就业到底有多难？高校毕业生就业会受到哪些因素的影响？未来哪些领域人才需求比较大？有哪些就业相关的政策可以利用？

## ▶ 第一节 高校毕业生就业趋势

当前，我国高校毕业生就业总体向好，但有待进一步提高，就业压力不断加大。在经济高质量发展的总体要求下，与产业结构升级、区域布局调整保持一致，是未来就业发展的大趋势。

### 一、多重因素影响下，未来就业形势依然严峻

近年来，就业岗位供给总量与高校毕业生就业需求同步增长，市场供求关系逐渐改善并基本平衡，未来几年高校就业形势将总体稳定增长。我国经济从高速增长阶段向高质量发展阶段转变，伴随着经济增速放缓，就业市场也开始逐渐受到经济增速放缓的影响。我国经济2016年快速发展，当年增速6.8%；高校毕业生就业率在2014届达到高点后开始回落，2015届比2014届减少0.4个百分点。高校毕业生的雇佣就业率从2014届就开始下降。在经济增速放缓的同时，结构调整的节奏加快（2015年底开始供给侧结构性改革），可能会带来就业岗位减少、结构性失业增加、劳动力市

场竞争加剧等问题,而高校毕业生的规模继续扩大,未来就业形势将依然严峻。

## 二、毕业生就业方向与产业结构升级、区域布局调整方向一致

从区域分布上看,高校毕业生就业的空间选择仍以经济发达地区为主,与经济发展的区域布局方向一致。更多的毕业生涌向都市圈、城市群,汇集在北上广深等焦点城市以及增长动力充足的新一线、优质二线城市。2021年,一线和新一线城市高校的毕业生,希望在就读城市发展的比例均超过60%;而三、四、五线城市培养的高校毕业生愿意留在本市发展的比例普遍不高(如图3-1所示)。

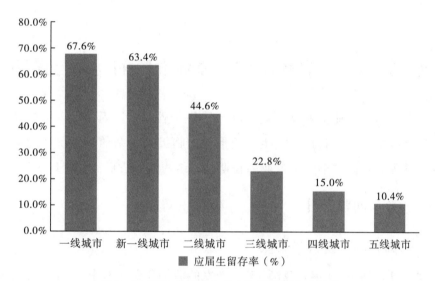

图3-1 2021年应届生的本地就业留存情况图

毕业生就业的产业分布与国家产业结构调整方向一致(二产在产出、就业中的占比下降,三产在产出、就业中的占比上升),三产就业比例显著上升。从2013年的57.2%上升到2018年66.6%(如图3-2所示),产业结构调整的方向对高校毕业生有利,大部分高校毕业生适合在三产就业,因为三产毕业生关注较多的金融、投资、教育以及信息技术服务等。毕业生在三产中就业的潜力较大,而且三产也比较适合毕业生用已经学习到的知识进行创新。随着结构转型,三产的潜能逐渐释放出来,就业容纳量还有较大上升空间。

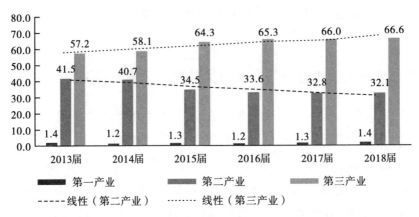

图 3-2　2013—2018 届毕业生就业的产业分布图(%)

## 第二节　高校毕业生就业面临的问题与矛盾

当前,高校毕业生就业总量问题与结构矛盾并存。周期性、结构性因素与突发性疫情叠加,高校毕业生就业形势面临极其复杂的局面。比起短期的不确定性因素,高校毕业生就业的长期性、结构性矛盾更需要予以关注。

### 一、总量问题依旧

#### (一)高校毕业生规模扩张

据测算,到 2030 年,我国 15~59 岁的劳动年龄人口将一直保持在 8 亿人以上,劳动年龄人口中具有大专及以上学历的将超过 30%,各类毕业生成长为新生代劳动力,每年有大约 1500 万各类毕业生的就业问题,就业的总量压力依然较大。高校毕业生占青年劳动力的比重将进一步扩大。应届生人数不断增加,高校毕业生规模从 2000 年的 100 万左右激增到 2020 年的接近 900 万(如图 3-3 所示)。

与此同时,留学归国人数逐年上升。从 2007 年的 4.4 万人上升到 2018 年的 51.9 万人(如图 3-4 所示)。随着高等教育越来越普及,国内高校毕业生和留学归国人数都是逐年上升的,这势必会带来求职市场中应届生人数增加。据统计,每年约 25% 的应届毕业生在毕业之前不能找到合适的岗位,新增失业人员中高校毕业生的数量呈上升趋势,表明岗位供给与高校毕业生就业需求之间存在缺口。

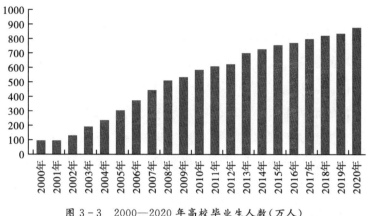

图3-3 2000—2020年高校毕业生人数（万人）

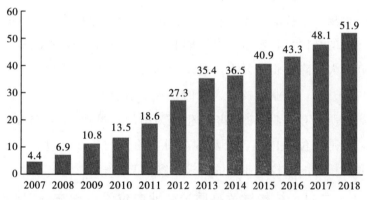

图3-4 2007—2018年中国留学回国人数（万人）

### (二)不确定因素降低市场主体预期

国际产业分工的调整，就业岗位在全球进行重新布局，给高校毕业生就业带来考验。此外，在新冠肺炎疫情等突发性因素影响下，高校毕业生初次就业率下降，就业时间延后。智联招聘发布的《2020年秋季大学生就业报告》显示，92.8%的应届毕业生认同就业形势处于就业有难度的状态。新冠肺炎疫情在影响就业总量的同时，对市场主体的心态和预期产生不容忽视的影响。市场主体的用工需求主要取决于其对市场前景的预期。不确定性增强后，会影响市场主体的活跃程度，进而影响就业。企业生产经营方式发生变化，无人化、无接触的生产与服务更加普遍使用，疫情期间的人员精简模式可能延续并成为未来的生产经营模式。

## 二、结构矛盾凸显

### (一)高校毕业生的知识、技能结构与市场需求之间存在错位

有什么样的教育,就有什么样的人才。高等教育的改革不能及时跟进市场需求的变化,高等教育培养模式、学科设置与企业需求脱节,人才培养滞后于动态变化的市场需求,难以输送足够多的符合市场需求的知识与技能结构的人才。高校里缺乏了解市场的优质培训资源,难以向社会提供足够数量的高素质人才。就业难遇上招工难,确实是一个非常矛盾,又非常现实的问题。高校毕业生学到的、想做的工作与用人单位需要之间不能很好地契合。智联招聘发布校招大数据显示,投递简历数量低于岗位发布数量。说明就业难可能不是机会少,而是不容易获得理想的岗位。

劳动力市场对于技能人才、有职业精神的高校毕业生的需求始终大于供给。从毕业生的结构看,普通本专科毕业生总量与占比持续提高,中等职业教育由 600 万人下降到 480 万人,造成劳动力市场技能人才的相对短缺。随着产业结构的升级,企业对技能人才的要求水涨船高,但对技能人才的需求在增加,高素质、有职业精神的毕业生较为稀缺。虽然工作岗位的外延可能不断变化,但是岗位的内涵,以及对在岗上的人的职业态度、精神却不变,市场对有职业精神的高校毕业生的需求始终大于供给。

### (二)产业导向、结构导致高质量就业岗位没有被充分创造出来

有什么样的产业,就有什么样的岗位。毕业生就业需求与用人单位岗位供给之间的不匹配是经济发展不协调、不均衡的结构性问题在就业领域的集中体现。大量低端产业决定了大量低端就业岗位,高收入水平的就业岗位没有被充分创造出来,高端产业对高校毕业生的吸纳能力没有被充分调动起来,高质量的就业岗位结构性短缺,低端、同质的岗位供大于求。

产业导向决定产业结构,进而影响就业。从发展导向上看,三产相比二产缺乏改革、缺乏竞争机制。在竞争机制引入上的差异,导致二产比较快速地发展,三产发展相对滞后,三产与二产在发展的节奏上不协调,一方面使三产领域的高质量就业岗位没有被充分地创造出来,另一方面二产领域生产出的产品没有在三产领域消化掉,导致生产过剩,进而影响二产的就业。

## 第三节 与高校毕业生相关的政策性机会

2020年,中央政府多次对高校毕业生就业工作作出重要指示。习近平总书记强调要注重高校毕业生就业工作,让同学们顺利毕业、尽早就业。李克强总理强调要把"稳就业"放在"六稳"首位,2020年两会政府工作报告中39次提到"就业"。教育部不仅专题部署就业,还推出"24365计划",每天24小时、每年365天为毕业生做好就业支持,等等。这些都体现了国家对毕业生就业工作的高度重视,各种机会向高校毕业生倾斜。除了国家发布的政策性机会,各地为了引进人才,也相继出台了多种优惠政策,涉及薪资待遇、安居福利保障等各个方面。同学们可以到教育部的新职业网上查询更多信息。

### 一、升学深造、申请第二学士学位,为更高质量就业打基础

2020年全国硕士研究生招生规模同比增加了18.9万,重点向临床医学、集成电路、新材料等国家发展急需领域投放。另外,为贯彻落实《国务院办公厅关于应对新冠肺炎疫情影响强化稳就业举措的实施意见》(国办发〔2020〕6号)精神,教育部办公厅发布《关于在普通高校继续开展第二学士学位教育的通知(教高厅函〔2020〕9号)》,经研究,决定在普通高校继续开展第二学士学位教育。作为大学本科后教育,可以通过2年的全日制学习获得第二学士学位,给毕业未就业同学创造了更多再学习的机会。根据2020年7月,教育部办公厅公布的2020年普通高等学校第二学士学位专业备案结果,全国各地高校共3426个专业可招收第二学士学位。这些政策举措是为毕业生实现更高质量就业打基础。

### 二、大学生村官、西部计划和三支一扶,为就业积累资源

基层专项计划包括大学生村官、西部计划和三支一扶,参加人员可以获得考研加分、优先考取公务员和事业单位等优惠政策。大学生志愿服务西部计划由共青团中央牵头,教育部、财政部、人力资源和社会保障部共同组织实施。从2003年开始,通过公开招募、自愿报名、组织选拔、集中派遣的方式,每年招募一定数量的普通高等学校应届毕业生,到西部贫困县的乡镇从

事教育、卫生、农技、扶贫以及青年中心建设和管理等方面的志愿服务工作。从2009年开始，西部计划服务期由1～2年调整为1～3年。"三支一扶"是支教、支医、支农、扶贫的简称。2006年，中组部、原人事部、教育部等八部门下发《关于组织开展高校毕业生到农村基层从事支教、支农、支医和扶贫工作的通知》，以公开招募、自愿报名、组织选拔、统一派遣的方式，从2006年开始连续5年，每年招募2万名高校毕业生，主要安排到乡镇从事支教、支农、支医和扶贫工作。服务期限一般为2～3年。招募对象主要为全国普通高校应届毕业生。对"三支一扶"感兴趣的同学，则要关注各省市"三支一扶"专题网站通知。关于选调生，近几年关注的同学很多，这是各省党委组织部门从高等院校选调应届本科及以上学历毕业生，作为党政领导干部的后备人选进行重点培养，分为定向选调和非定向选调两种。一般来说，报名者需为本科及以上学历，优先选调具备中共党员（含预备党员）、学生干部、三好学生等校级荣誉等条件的毕业生。参加过西部计划和"三支一扶"工作的人员，也有机会报考当地的选调生。

### 三、征兵入伍，磨炼意志、锤炼职业精神

国家鼓励大学生应征入伍服义务兵役。为了进一步扩大大学生征兵入伍人数，从2020年开始，全国每年举行两次征兵入伍。同时为高校毕业生提供了大量优惠政策，享有优先报名应征、优先体检政审、优先审批定兵、优先安排使用"四个优先"政策，家庭按规定享受军属待遇，享受优先选拔使用、学费补偿和国家助学贷款代偿、退役后考学升学优惠、就业服务等政策。怀揣军营梦的同学可以多多关注。具体政策可以关注全国征兵网上的大学生应征入伍政策。在军营里历练自己，培养吃苦耐劳精神，为未来职业生涯的发展做准备。

"人民英雄"国家荣誉称号获得者、中国工程院院士、军事科学院军事医学研究院生物工程研究所所长，浙江大学校友陈薇少将担任浙江省征兵宣传形象大使。她说："我国正处于实现中华民族伟大复兴关键时期，我们比任何时候都需要建设巩固的国防和强大的人民军队。30年前，我光荣地加入了人民军队，实现了从一名地方大学生到一名军人的转变；30年来，我有幸见证了无数青年前赴后继、艰苦卓绝地接续奋斗，用青春之我创造青春之中国、青春之民族。""生命中有了当兵的历史，一辈子都不会后悔！"

## 四、其他政策，拓展毕业生就业渠道

为加强中小学和幼儿园教师配备，全力补齐基础教育师资不足的短板，2020年全国发布招聘岗位60多万个，报名300多万人。同时在2020年因新冠肺炎疫情带来的教师资格证考试延迟的特殊情况下，人社部等相关部门还推出了"先上岗、再拿证"举措，新教师们可以先入职再考取教师资格证。此外，2006年，教育部、财政部、原人事部、中央编办下发《关于实施农村义务教育阶段学校教师特设岗位计划的通知》，联合启动实施"特岗计划"，公开招聘高校毕业生到"两基"攻坚县农村义务教育阶段学校任教。2020年中央"特岗计划"实施范围为：集中连片特殊困难地区和中西部国家扶贫开发工作重点县，省级扶贫开发工作重点县，西部地区原"两基"攻坚县(含新疆生产建设兵团的部分团场)，纳入国家西部开发计划的部分中部省份的少数民族自治州以及西部地区一些有特殊困难的边境县，少数民族自治县和少小民族县。特岗教师聘期3年，服务期满后至少有三条出路：一是可以选择在当地留任，保证有编有岗，并享受当地教师同等待遇；二是异地留转或到城镇学校应聘；三是可重新选择就业。

国家出台政策鼓励城乡社区吸纳毕业生就业，争取实现在两年内，每个社区的新增岗位至少招录一名高校毕业生。社区工作人员是指在社区党组织、社区居委会和社区服务站专职从事社区管理和服务，并与街道（乡镇）签订服务协议的工作人员。在2020年全国抗击新冠肺炎疫情期间，社区工作人员投入了大量人力，发挥了重要作用。

随着大众创新、万众创业的双创活动不断推进，现在已经进入了双创2.0时代。如果说双创1.0的目标是创业解决就业问题，那么双创2.0时代的目标是创业提供就业岗位，通过创业带动就业。为了帮助创业项目落地，各地纷纷出台了支持政策，在投资、场地、财政等方面给予了大量优惠政策。

## 五、多地实施落户新政，加强毕业生就业保障

由于户口会对子女教育、职业流动、企业福利、购房、购车等方面带来影响，因此，能否落户是很多毕业生在进行职业选择时考虑的重要因素之一。近年来，各地对人才的重视程度越来越高，对人才在城市建设中发挥的重要作用的认识越来越深入。为了增强对重要人才的吸引力，不少一线城市发布

了落户新政策。

2020年9月23日，上海市正式发布《2020年非上海生源应届普通高校毕业生进沪就业申请本市户籍评分办法》，将直接落户范围进行了扩大。对于应届硕士毕业生，"世界一流大学建设高校"应届硕士毕业生、"世界一流学科建设高校"建设学科应届硕士毕业生，符合基本申报条件即可落户。中科院在沪各研究所、上海科技大学、上海纽约大学应届硕士毕业生参照"世界一流大学建设高校"执行。对于本科毕业生，除北京大学、清华大学外，增加在沪"世界一流大学建设高校"为试点，探索其符合基本申报条件即可落户。这也意味着，复旦大学、上海交通大学、同济大学、华东师范大学本科毕业生符合基本申报条件即可落户。同年12月1日，上海又公布了《留学回国人员申办上海常住户口实施细则》，条件比以往更加宽松。

2021年7月5日，北京市发布了《北京市引进毕业生管理办法》，将"毕业两年内初次就业"的毕业生新增为政策适用对象，不占引进指标的毕业生范围也进一步增加。除了之前的公务员、选调生（含优培计划）、博士研究生、退役大学生士兵、特岗计划乡村教师，以及按照国家或本市特定政策要求办理引进的毕业生，新增了两类：①市委市政府重点支持的集成电路、人工智能、医药健康等高精尖产业，"两区"建设重点落地项目，本市市级"服务包"企业，重点税源、重点引进、重点培育企业以及独角兽企业，招聘世界大学综合排名前200位的国内高校本科及以上学历毕业生，或"双一流"建设学科硕士研究生；②父母均已取得本市常住户口的毕业生。

## 第四节 高校毕业生求职准备建议

就业的宏观和微观形势、各级各类就业政策左右着个体的职业发展，对个体的职业选择具有重要意义。俗话说，"识时务者为俊杰"。从今天快速发展的形势来看，我们不仅要做到"识"，更重要的还需做到"适"。社会历史的大发展决定了个人的小发展，影响着个人的职业选择，我们必须要学会认识和把握大势，必须学习研究各类政策和资源，必须多方位努力提高自己的综合素质。同时，作为在校大学生，还需提早找准自己的发展目标，结合个人优势定位自己的职业发展方向，制定科学、有效、可行的行动路径，超前把握时代大势，树立远大理想，从首个职业岗位起步，积极工作、努力奉献，在获得个人事业发展的同时，铸就时代发展伟业。

## 一、树立规划理念，定位职业发展长远目标

对求职存在迷茫的同学大致可以分为三类（如图3-5所示）。

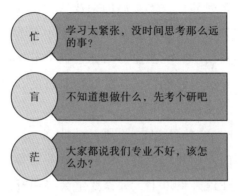

图3-5 求职迷茫的三种类型

第一种是只忙于学习，为了拿高成绩，每天寝室、图书馆、食堂三点一线拼命学习，除学习外的其他经历一片空白。虽然顺利直博，可是博士毕业要找工作了，发现自己并不喜欢也不擅长科研工作。想换个领域尝试一下，结果发现简历上没有学习之外的其他内容可以写。

第二种是盲目跟着别人走，没有思考过自己该如何选择，听别人说IT热门就拼命转专业到信息类专业，结果转过来发现自己并不适合，学习跟不上，甚至面临着退学警告；或者听同学、家人说至少要读到研究生，所以自己也决定去考研。

第三种是茫然，不知道自己想做什么，也不知该如何选择，甚至在求职需要准备简历时，连自己的目标职业都列不出来。这三类同学虽然情况各异，但是究其原因其实都一样——没有做好职业生涯规划。

着眼未来思考问题，大学毕业生的就业形势会面临很多挑战。根据世界经济论坛《2020年未来就业报告》，全球约半数的工作任务到2025年之前将由机器完成，自动化和人机之间全新的劳动分工将颠覆全球15个行业中的8500万个工作岗位。变化，是这个时代最鲜明的特色。我们在寻找职业目标时绝不能简单地以"钱多事少离家近"来衡量，不能用"放大镜"看局部、看短期，而要用"望远镜"看全局、看长远，要立足国内国外两个大局，心怀"国之

大者",面向世界科技前沿、面向经济主战场、面向国家重大需求、面向人民生命健康,特别是在解决国家"卡脖子"的关键技术上攻坚创新,最终成就个人事业。

## 二、开拓视野思路,积聚职业发展综合能力

职业技能与职业精神都是人才素质的构成要素。高质量发展阶段,新老交替的速度加快,在某些历久弥新的行业里有真才实学、能坚守下来的人才在未来越来越稀缺。高校毕业生在能力培养过程中不仅要注重符合市场需求的技能,还要形成一种稳定的性情、扎实的职业态度和职业精神,能在迅速变化的环境中,随机应变、坚定沉着。

根据笔者面向用人单位开展的调研,企业对人才的期待是综合考量的——不仅要有扎实的专业知识,更需要具备职业道德规范、自主学习、团队合作等综合能力。在提升渠道上,大家要学会善用资源。除了前面讲的国家提供的政策性岗位和24365就业服务平台,各高校也建设了不少免费在线资源,涉及理论课程、职业分享、职业测评等各个方面。

此外,能力提升有一个前提共识——能力是可以训练的。暂时的能力不足并不可怕,只要我们瞄准必需的个人能力短板加强训练,就一定可以提高。还有一个需要注意的问题,能力训练的效果除了与坚持有关外,还和个人的自我效能感密切相关。所谓自我效能感指的是你相信自己可以的程度。比如,平常面对一个新挑战或者面对一个新任务的时候,你心里想的是什么?是"我一定可以",还是"我可以努力试试",抑或是"我肯定不行"?如果个体对自己的信心不足,那么,首先要想办法提高自我效能感,这是提高能力的第一步,也是非常重要的一步。

## 三、锚定求职目标,绘制心动职业实现路径

用人单位校园招聘具有周期性、规范性、匹配性等几个特点。一般用人单位面向高校毕业生进行选拔录用会分为秋季和春季两个时段,秋季一般从9月份开始,春季从3月份开始。求职者必须顺应单位校园招聘周期,提前做好相应准备。不同行业不同组织开展的校园招聘都会分为简历筛选-笔试-面试-录用等不同阶段,具有比较规范的操作流程;在确认录用对象时,相比于挑选最优秀的候选人,用人单位可能更关注人岗匹配,录用最适合的候选

人。求职者要深度分析目标职业要求，挖掘个人能力素质的匹配点，提高应聘成功率。

当然，应聘成功只是毕业生职业生涯的起步，在未来的职业发展道路上，还需要持续在工作历练中和思考职业发展问题，坚持学习坚持创新，才能不断提高岗位胜任力，促进职业生涯持续快速发展。

## 结束语

经济高质量发展阶段，经济结构调整加速，各方面压力越来越大，从业者所从事的工作内容不断迭代更新。在岗位上更加淋漓尽致地证明自己的能力、磨炼自己的意志，应该是每个高校毕业生需要面对的挑战。对于现在的我们来说，只有先从心理上做足准备，准确识变、科学应变、主动求变，才能在高质量发展中抓住新机、开拓新局。

**拓展阅读**

### 教育部关于做好2022届全国普通高校毕业生就业创业工作的通知（节选）

各省、自治区、直辖市教育厅（教委），新疆生产建设兵团教育局，有关省、自治区人力资源社会保障厅，部属各高等学校、部省合建各高等学校：

党中央、国务院高度重视高校毕业生就业工作。习近平总书记多次对做好高校毕业生就业工作作出重要指示批示。国务院《"十四五"就业促进规划》明确要求，持续做好高校毕业生就业工作。2022届普通高校毕业生规模、增量创历史新高，就业形势复杂严峻。为深入贯彻党的十九大和十九届二中、三中、四中、五中、六中全会精神，落实党中央、国务院决策部署，教育部决定实施"2022届全国普通高校毕业生就业创业促进行动"，健全就业创业促进机制，推动就业创业工作提质增效，促进高校毕业生更加充分更高质量就业。现就有关事项通知如下。

一、完善市场化社会化就业促进机制

（一）加强校园招聘市场建设

各地各高校要进一步发挥校园招聘主渠道作用，切实加强校园招聘市场建设，建立完善就业资源开发机制，充分发挥专职就业工作队伍和党政干部、专业教师、校友等各方面积极性，千方百计拓展岗位信息来源。高校可通过组团、联盟等方式开拓就业岗位，推动校内校外就业资源共享。教育部会同相关部门、地方政府，发挥全国普通高校毕业生就业创业指导委员会作用，建设、打造一批全国性、区域性、行业性大学生就业市场。

（二）促进网络招聘市场建设

教育部升级打造"24365校园网络招聘服务"平台，引入优质人力资源服务机构、行业协会等，深入实施"岗位精选计划"，推进就业信息联通共享。各地各高校要组织就业工作人员、毕业班辅导员和求职毕业生注册使用"24365智慧就业平台"，加强线上服务联动。大力推进校园网络招聘市场建设，建设维护好本地本校用人单位需求库、毕业生求职意向库等，及时发布专业设置和生源信息。积极开展网络招聘服务，鼓励用人单位通过线上宣讲、远程面试、网上签约开展校园招聘，促进线上线下招聘相结合，提高招聘成功率。

（三）鼓励中小企业更多吸纳高校毕业生

各高校要为中小企业进校招聘提供便利，不得设置限制条件。教育部会同相关部门、大型平台企业，举办"全国中小企业人才供需对接大会""全国中小企业网上百日招聘高校毕业生""全国民营企业招聘月"等活动。各地要积极配合本地相关部门加大对中小企业支持力度，推动企业和高校毕业生用足用好税费减免、创业担保贷款等支持政策，创造更多适合高校毕业生的就业岗位，对符合条件的高校毕业生按规定给予社会保险补贴和职业培训补贴。

（四）促进创新创业带动就业

各地各高校要加大国家创新创业政策落实力度，加强创新创业服务平台建设，大学科技园、创业园、创客空间等要向高校毕业生提供场地优惠和专业化孵化服务，指导创业团队争取各类创业优惠政策，促进创新创业项目落地发展。办好中国国际"互联网＋"大学生创新创业大赛，切实发挥大学生创新创业带动就业作用。建立完善大学生创新创业信息服务平台，提供创新创业相关政策发布、解读、项目对接等服务。组织双创导师深入校园进行政策解读、经验分享和实践指导，支持大学生返乡创业、到城乡基层创业就业。

（五）支持引导灵活就业

各地各高校要积极挖掘新产业新业态新模式中的就业机会，引导毕业生在数字经济、平台经济等多个领域灵活就业。配合有关部门完善灵活就业社会保障政策，切实维护高校毕业生劳动保障权益。组织开发一些面向市场的培训项目，开展新兴产业、先进制造业、现代服务业等领域新职业技能培训，增强毕业生就业能力和竞争力。

二、充分发挥政策性岗位吸纳作用

(六)健全毕业生基层就业支持体系

进一步完善并落实毕业生到基层就业学费补偿贷款代偿、考研加分等优惠政策，采取有效方式引导更多毕业生到中西部地区、东北地区、艰苦边远地区和基层、乡村振兴一线就业创业。组织实施"特岗计划""三支一扶""西部计划"等中央基层就业项目。配合有关部门设立"城乡社区专项计划""村医专项计划"等相关项目，鼓励各地结合实际扩大实施地方基层就业项目。持续开发科研助理岗位，增强科研助理岗位吸引力。

(七)做好大学生征兵工作

各地各高校要落实"两征两退"改革要求，配合兵役机关制定本地本校征兵工作方案，做好大学生特别是毕业生参军入伍工作。按照有关政策规定，落实退役普通高职(专科)士兵免试参加普通专升本招生、退役大学生士兵专项硕士研究生招生计划等优惠政策，研究制定细化方案和实施办法。密切军地协同，加强征兵工作站建设，办好征兵宣传教育进校园等活动，畅通入伍绿色通道，进一步推进以高校毕业生为重点的精准征集，提高毕业生入伍数量。

(八)促进升学与就业有序衔接

各地各高校要统筹安排好各类升学考试招生工作时间，硕士研究生招录工作在2022年5月底前完成，普通专升本和第二学士学位招录工作在2022年6月底前完成。坚持复合型人才培养定位，加强第二学士学位招生工作，高校教务、招生等部门要加强工作协同，扎实开展招生宣传、考试录取等工作，并纳入高校整体工作进行统筹部署。

(九)优化招考时间安排

各地教育部门要与相关部门加强协调配合，统筹推动各地尽早安排机关、事业单位招聘考试工作和各类职业资格考试时间，给高校毕业生离校前留出充足的求职时间。办好"国聘行动"第三季，发挥国有企业稳就业示范作用，并配合国有企业尽早完成招录工作。

## 三、强化就业指导服务

**（十）建立健全就业育人支持体系**

各地各高校要把就业教育、就业引导全面纳入大学生思想政治教育体系，多种形式开展就业育人主题教育系列活动，打造一批大学生就业创业教育基地，引导毕业生树立正确的职业观、就业观和择业观。要加强重点领域就业引导，鼓励毕业生积极投身重点地区、重大工程、重大项目、国际组织等领域就业创业。组织开展大学生就业实践调查活动，持续打造"互联网＋就业指导"公益直播课，建立就业创业指导优质师资库，打造一批就业指导"名师金课"。加强职业生涯教育和就业创业指导，组织举办大学生职业生涯规划比赛活动。

**（十一）强化就业实习实践**

各地各高校要将实习实践作为促进就业的重要举措，纳入人才培养方案，深化校企校地合作，开发更多实习实践岗位，推动更多毕业生通过实习实践实现就业。鼓励地方政府、高校和用人单位共同打造一批大学生就业实习实践基地。配合落实好将职业技能提升行动专项资金补贴性培训对象扩大至普通本科高校、中高职院校的政策，积极组织毕业年度毕业生参加职业技能培训。

**（十二）加强高职毕业生就业服务**

各地各高校要针对高职百万扩招毕业生群体，制定专门就业工作方案，结合扩招毕业生生源类型特点，有针对性地分类开展就业指导服务，引导他们合理调整就业期望、找准职业定位，积极主动就业。支持高职院校紧密结合市场需求，按规定开展相关职业技能培训、项目制培训等多种形式的就业创业培训，并做好职业培训补贴政策的衔接工作。

**（十三）加强就业权益保护**

各地各高校要配合有关部门积极营造平等就业环境，努力消除就业歧视。在各类校园招聘活动中，不得设置违反国家规定的有关歧视性条款，不得将毕业院校、学习方式（全日制和非全日制）等作为限制性条件。加强诚信和安全教育，引导毕业生诚信求职，树立遵纪守法意识，防范招聘欺诈、"培训贷"陷阱等。积极配合有关部门推进毕业生就业体检结果互认。

## 四、开展重点群体就业帮扶

**（十四）实施宏志助航计划**

教育部组织实施"中央专项彩票公益金宏志助航计划——全国高校毕业生

就业能力培训项目",设立"全国高校毕业生就业能力培训基地",面向有就业意愿的毕业生群体开展线上线下就业能力培训,帮助他们提高综合素质和就业能力。各地各高校和各培训基地要精心组织实施,加强政策宣传,提升项目培训效果,努力帮助参加培训的毕业生实现就业。鼓励各地创造条件,推动"宏志助航计划"覆盖更多毕业生。

(十五)完善就业帮扶机制

教育部组织开展直属高校与地方高校、东部高校与西部高校就业对口帮扶,推动区域间、校际就业渠道互补、就业资源共享。各地各高校要进一步完善就业帮扶机制,建立就业困难毕业生群体帮扶工作台账,对低收入家庭、身体残疾等毕业生重点群体,按照"一人一档""一人一策"开展重点帮扶。

## 思考题

1. 你如何看待当前的就业形势?
2. 未来你的职业目标是什么,该职业对应聘者的要求有哪些?
3. 为了应对未来的就业形势,你有哪些资源可以利用?你需要提前做好哪些准备?

# 第四章 就业信息搜集

你搜集、管理和使用信息的方法决定了你的输赢。

——比尔·盖茨

**学习目标**

❖ 了解就业信息的重要性及所包含内容。
❖ 掌握就业信息的搜集和整理办法。

战场上讲究"知己知彼，百战不殆"，这句话也可以应用到求职过程中。可是，在信息高度开放的今天，我们可以通过互联网购物；可以搜索到附近美味的餐厅；可以提前知道哪部电影好不好看；甚至可以知道地球的另一端正在发生的事……但很多人却未必清楚怎么搜索职业信息。听着是不是有点不可思议呢？

职业信息的搜集情况对于职业选择的影响是非常显著的，对就业信息掌握得越全面、越准确，求职的盲目性就会越小，人职匹配度也就越高。毕业生要实现与用人单位的双向选择，就必须及时掌握大量可靠的就业信息。可以说，就业信息的掌握关系到求职的成败。

本章主要讲两个方面的内容：首先是就业信息包含哪些内容；其次是如何科学地搜集和整理就业信息。期望通过本章的学习，同学们能够学会如何及时、有效地获取就业信息，建立信息的搜集渠道，提高信息搜集与处理的效率与质量。

## 第一节　就业信息的概念

就业信息在大学生求职过程中有着举足轻重的作用，它贯穿于职业决策的始终。就业信息是择业的基础，也是决策的重要依据，更重要的是，就业信息是顺利就业的可靠保证。因此，在择业前要做好就业信息的搜集工作。会选择职业的人，首先是会搜集信息的人。就业竞争在一定程度上就是拥有信息量的竞争，谁掌握的信息越多，谁的就业视野就越开阔，谁就在竞争中争得了主动权。

因此，大学毕业生必须利用各种渠道，广泛地、全面地、准确地搜集与择业有关的各种信息，为择业做好充分的准备。就业信息的形式、内容及其传播的途径多种多样，纷繁复杂，想要科学有效地获取所需要的信息绝非易事。就业信息的内容包括方方面面，毕业生在获取就业信息时一定要切实把握就业信息的特点，掌握获取就业信息的方法，从各个方面获取较完备的就业信息，全面了解就业信息的内容，合理使用有价值的就业信息。

### 一、就业信息的概念

就业信息是指能被求职择业者接受并具有一定价值的有关就业的资料和情报。就业信息的内容十分广泛，按内容来分类，可分为如下三个方面。

(一)就业政策与法规

(1)国家出台的就业政策。

(2)国家出台的与就业相关的法律法规。

(3)地方的引人用人政策。

(4)学校的相关就业工作规定与激励奖励政策。

(二)社会需求信息

社会需求信息指用人单位对毕业生的学历层次、专业、性别、人数以及所需人才的具体要求等。

## (三)职位相关信息

(1)职位描述信息。

(2)行业发展状况。

(3)专业的就业形势。

当然,就业信息也可以按照微观、中观和宏观来分类,可分为如下三个方面。

## (一)微观层面的就业信息

微观层面的就业信息通常是指用人单位的招聘信息,即岗位需求信息,如单位介绍,以及岗位描述等。具体来看,可以细分如下。

(1)公司名称、发展历史、文化价值观、愿景使命。

(2)公司的人力资源结构(组织结构图)。

(3)目标岗位:在组织结构中的位置、工作手册等。①岗位基本信息:工作职责、工作内容和活动、上级、下属和平级关系。②工作环境、工作地域。③职位要求:工作者所需知识、经验、技能。④匹配度高的工作者特质:兴趣、个性倾向、价值观。⑤薪酬待遇、生涯发展路径等。

## (二)中观层面的就业信息

中观层面的就业信息包括行业、单位类型和岗位晋升信息。诸如有哪些行业发展得比较好,这些行业都是做什么的,一个公司都有哪些岗位,各岗位负责什么内容,不同层级岗位的要求是什么,等等。行业、单位和岗位的具体分类见表4-1。

个人的发展往往与行业发展趋势是有很大关系的。而不同的单位类型,发展前景、工资收入、保险福利以及退休政策等都有不同。

不同性质的公司,对于岗位的具体划分、定位是不同的。比如,同样是运营岗,可以分为产品运营、内容运营、新媒体运营、用户/社群运营、渠道运营等。

不同岗位的发展路径也是不一样的。比如,研发型岗位是向专家方向发展;还有一些岗位属于杂家,如助理、市场、人力、销售等,他们的发展通道很多是从专员到部门主管,再到整个团队的负责人。

表 4-1　行业、单位和岗位分类

| 行业类别 | 单位类型 | 岗位类型 |
| --- | --- | --- |
| 互联网行业 | 党政机关 | 研发 |
| 房地产行业 | 科研设计单位 | 销售 |
| 传媒行业 | 高等教育单位 | 市场 |
| 金融行业 | 中等教育单位 | 运营 |
| 食品行业 | 初等教育单位 | 项目经理 |
| 医疗行业 | 医疗卫生单位 | 产品经理 |
| 教育行业 | 事业单位 | 客户经理 |
| 体育行业 | 国有企业 | 供应链 |
| 机械行业 | 三资企业 | 文秘 |
| 材料行业 | 民营企业 | 行政 |
| 化工行业 | 部队 | 人力资源 |
| 汽车行业 | …… | 财务 |
| …… |  | 审计 |
|  |  | …… |

(三)宏观层面的就业信息

这是有关毕业生就业的背景信息,比如,国家政治经济和社会发展状况、毕业生就业市场的供求情况,以及地方的用人政策,等等。获取宏观就业数据和就业政策的渠道可参见本章"拓展阅读"中的一些资源,根据自己的实际需要随时查询。

## 二、搜集就业信息的原则

一般而言,要搜集到适合自己的、高质量的就业信息,必须把握以下五个方面的原则。

(一)准确性、真实性原则

准确、真实是对就业信息搜集的首要要求,因为就业信息是否准确,是我们能否做出正确决策的关键。信息不准或有误,会给求职择业带来决策上的失误。只有准确、真实地掌握了用人单位对应聘者的具体要求,才能知道该岗位是否适合自己,才能进行有针对性的准备,否则只会浪费时间、精力和财力。

### (二)适用性、针对性原则

随着社会的进步、信息技术的普及和人才市场的逐步发展壮大,就业信息也越来越多,越来越丰富。如果搜集信息时不注意适用性,就可能在众多的就业信息中把握不住方向,难以捕捉到真实的、有价值的信息。为此,大学生应该首先对自我进行充分认识,然后再结合自己的专业、兴趣、能力、需要等进行有针对性的信息搜集。

### (三)系统性、连续性原则

大多数情况下,大学生获得的就业信息都来自不同的渠道,是比较零散的。而要对当前的就业形势和就业市场有一个整体的认识,大学生就必须对所获得的就业信息进行加工、提炼,形成能客观、系统地反映当前就业市场、就业政策、就业动向的就业信息系统。

### (四)计划性、条理性原则

在搜集就业信息时,首先,必须根据求职的目的制订搜集计划,只有这样,才能在搜集信息的过程中掌握主动权,避免盲目和混乱。其次,要明确自己所需的就业信息是有关就业政策的、就业动向的,还是用人单位的,这样才能有的放矢,搜集的信息才能更具条理性。

### (五)及时性、时效性原则

搜集信息还要突出一个"早"字。越早下手越容易掌握主动权。一般来说,大学生在毕业前一个学期就应该着手进行信息搜集。只有早做准备,搜集到的信息才能全面、系统。另外,还应注意就业信息的"时效性",对搜集到的信息进行及时处理。

## ▶ 第二节 搜集就业信息的渠道和方法

从哪里开始搜集就业信息?搜集就业信息的途径有哪些?你是不是也有这样的烦恼呢?下面我们重点谈一谈毕业生常见的几个问题:我想提前了解一下本专业的就业方向,应该在哪里找?搜集就业信息的渠道有哪些?如何获得真实的职场信息?如何对就业信息进行汇总整理?……

## 一、了解本专业的就业方向

很多同学在思考就业方向时,首先想到的是看一看本专业的学长学姐都去了哪儿。有些学校的就业信息系统,就有这样的一个查询功能。

登录就业中心的官网,可以根据单位性质、学院、专业、学历等筛选条件来查询符合自己筛选条件的毕业生就业去向,包括单位名称和就业人数。有些还能查到相应毕业生的邮箱等联系方式信息。

如果你所在的学校没有电子化查询,也没有关系,学校或者学院每年都会编制毕业生就业质量报告,在报告中也能查到不同院系和专业毕业生的去向情况。

除此之外,还可以通过论坛等平台,比如,知乎和学校里的相关学生论坛等,都可以找到相关的信息。

## 二、搜集就业信息的渠道

获得就业信息的途径有很多,尤其是网络上的资源十分丰富,但是每个人的时间和精力有限,不可能关注到所有的就业信息。有不少同学是在找工作的时候去拼凑各种就业信息的片段,运气好的能找到自己满意的职业,职业生涯线性上升发展;而多数人,只能在有限的信息碎片中,尽量挑选自己还算可以接受的工作。那么,可靠的就业信息搜集渠道有哪些呢?

第一,学校就业中心(各高校的就业职能部门的名称会有所不同)是获取用人单位信息的主渠道,学校的就业信息网也是学生最容易接触到的就业信息来源。不仅有丰富的企业招聘信息,还有很多其他的资源,比如学校组织的各种就业指导活动、职业生涯规划与就业指导的线上课程、历届学长学姐的求职经验分享以及职业测评工具等。

当然,最重要的是学校就业中心与企事业单位联系密切,作为学校就业工作的行政管理部门,在长期的工作交往中与各部委和省市的毕业生就业主管部门以及用人单位有着密切的联系,社会需求信息往往高度汇集到该部门。学校就业中心提供的信息无论是数量还是质量,都有非常明显的优势,对本校学生来说可谓是针对性强、可靠性高、成功率更大的信息来源。同学们也可以手机关注本校就业部门运营的微信公众号,获取信息更加便捷。

第二,要关注专场宣讲会。专场宣讲会,是企事业单位到校园或在线开设的招聘相关的主题讲座。秋招的9~10月和春招的3~4月是宣讲会的高峰期，一般由企业的人力资源为应届生讲解本年度校招的相关内容，包括：企业概况、招聘的岗位、招聘流程、薪酬待遇、培养体系等，有的还包括校友介绍工作经验和体会、学生提问以及接收简历等环节。这些信息可比你在网上搜索半天来得更方便也更真实。

对于专场招聘会，大家一定要学会抓住机会，特别是要选择自己感兴趣的参加，但也不必逢场必赶。参加专场招聘会可以更好地了解单位对所招聘人才的定义和描述，有利于树立明确的目标和努力方向。通过宣讲会可以了解单位对所招聘人才的具体要求，如果想和宣讲人员进行深入沟通交流，要记得"早来晚走"，这样才能争取到单独交流的机会。单独交流留下的印象要比单纯递简历留下的印象大得多。特别是一些知名单位的宣讲会，经常会因场地受限，若是不提前去，可能连站着听的地方都找不到。

第三，关注政府、高校、企业的"云招聘"平台或空中宣讲会。新冠肺炎疫情暴发以来，疫情防控给企业招聘带来了不小影响，同时也催生了很多新型招聘形式。有些学校搭建了自己的空中宣讲会平台，将原有的线下专场宣讲会转移到了云端。空中宣讲会、线上岗位推荐会因为不受场地限制，越来越受到企业的欢迎，智联招聘、前程无忧等专业第三方公司也纷纷推出无接触招聘平台，从投简历，到视频面试，再到电子签约，全部都能在云端实现。很多企业还会进行多平台直播，如果想参加线上宣讲会，只需要关注企业官方账号就行。

大家不要小看线上宣讲会，不仅仅是许多求职的福利，而是空宣的内容，比搜索知乎费力得到的信息更便捷准确有效。在互动环节还可以提问，比如企业偏爱什么类型人才？简历上写什么能最吸引人力资源注意力？招聘人员会问什么问题……同学们需要多多了解和适应线上招聘、空中宣讲以及在线面试等招聘形式，在疫情防控常态化背景下，这些低成本且更加便捷的招聘方式今后会越来越常用。

第四，校园双选会，一直是同学们获取就业信息的主要渠道。一般规模比较大、招聘的专业涵盖面广，同时参加的各类企业也比较多。最大的优势是能与招聘人员面对面沟通，不仅能透过职位说明进一步了解企业和岗位的信息，同时也能了解到一些职场和行业的相关信息。以浙江大学为例，学校一般每年都会举办数场大中型的综合双选会，分别安排在秋招和春招阶段。

对于一直在校园、从来没有工作经验的大学生来说，绝大多数人对于公司里有什么样的岗位、各岗位主要的工作职责、各岗位的薪资待遇，以及整体人才市场上哪些岗位有更多的工作机会、哪些岗位工作机会较少等，都缺乏最基本的了解和认知。校园双选会提供了一个很好的机会，可以了解人才市场的现状，观摩学长学姐们如何撰写和投递简历、如何面试，看一看都有哪些公司来学校招聘、招聘什么样的岗位、有什么样的要求，自己有没有机会能够应聘上，等等。有了这样的认知和思考，回来再学习的心态都会有所改善，对之后的求职目标和方向的选择以及及时调整求职期待，都会起到比较直接的作用。

秋招是毕业生择业的黄金季，主要群体是选择直接就业的应届生，这个时间段单位多、质量优，毕业生竞争压力大。

春招是毕业生择业的小高峰，像秋招失利、录用不理想、考研及国考未上线学生、留学生等多在这个阶段选择就业，竞争也是比较激烈的。

双选会是大学生提前了解人才市场、搜集就业信息、及早为自己毕业后选择出路做准备的良好契机。

第五，关注各类招聘平台或与求职相关的微信公众号。首先是国家部委主办的各类就业信息网，发布就业政策和就业信息，比如，新职业网、全国高校毕业生就业网络联盟、中国国家人才网、中国公共招聘网等；其次是各省市高校毕业生就业信息网。

特别需要强调指出的一点是，同学们最好能定期关注教育部的新职业网，其中不仅有很多就业指导的内容，还可以随时查看高校毕业生全国网络联合招聘平台（https：//job.ncss.cn/student/24365），也汇集了众多常见的招聘平台，这是国家为毕业生打造的就业服务平台。此类平台为毕业生提供了不同地区、不同专业、不同类型的招聘单位，能有效保护供求双方利益，节约双方网络求职的成本，学生可根据个人实际投递简历。

同学们通过招聘平台可以找到目标企业，通过目标企业的官网也能找到相应的招聘信息。所以，如果已经有了自己的意向单位，可以通过企业的招聘栏目有针对性地查看相关的招聘信息。

现在很多企业也都开通了微信公众号，可以方便地在手机客户端查询相关的就业信息。

与求职相关的社团微信公众号也是一个很好的信息获取来源。以浙江大学为例，比如，想报考选调生的，可以关注"浙大基协"；想去国际组织实习的可以关注"浙大国际声"；想去咨询、投行等领域就业的可以关注"浙大MCA"，等等。不仅可以及时查到相关领域的招聘信息，还能看到很多优秀学长的经验分享、求职攻略等干货。新媒体背景下，当代大学生需要关注不同媒介下的就业信息，善于抓取和解读不同媒介提供的就业信息，提高对海量就业信息的利用率。同时，养成良好的新媒体使用习惯，积极主动地去关注与自己职业选择方向相关的信息，拓展更多的社交网络资源。

第六，在寻找就业信息的时候，不可忽视的还有人脉资源。比如，班级群、学院群、校友群、亲戚群等，特别是学长学姐的内部推荐，是非常重要的就业信息来源。学校专业课教师、班主任、辅导员、亲戚、朋友，以及朋友的朋友，都有可能会给你提供一些好的就业信息。利用人脉关系或社交平台，往往能打破信息不对称，更全方位地搜集就业信息、了解潜在用人单位。所以要告知所有熟人，你想要从事的是什么工作并且你正在为找工作而积极地研究和搜集就业信息。

通过熟人的引荐介绍，你可以得到理想的生涯人物访谈的机会。生涯人物访谈是通过对自己感兴趣的领域的职场人士进行访谈，获得关于该领域行业、职业和公司"内部"信息的职业探索活动。访谈的对象一般是在该领域工作三年以上的职场人士，为防止访谈中的主观影响，应至少访谈两个以上的人士。注意，既要访谈到该领域内成绩卓越者，也要访谈到默默无闻者，才能保证访谈的客观效果，收集到尽可能多的信息。

有些同学会觉得向陌生人咨询就业信息很困难，认为自己是占用了别人的宝贵时间。其实这种担心是没必要的，因为那些人实际上乐于谈及他们自身及其事业，而且不曾忘记自己事业起步时的艰辛，将心比心，他们愿意对新人伸出援手。

如果你心存顾虑，可以尝试给对方写一封自荐信，询问是否可以进行一个简短的访谈。把你想要请教的问题列出来，向对方解释你想通过见面或者线上交流来了解工作的情况。当对方答应你的请求后，确认一下面谈细节，准时赴约，并在访谈时遵守双方约定的谈话时间。提前准备好所有问题，在见面时就会更加放松，更多倾听，更好地做笔记。

第七，通过社会实践（或实习）过程获得就业信息。社会实践是大学生通过亲身体验获取职场信息的一种方式，有兼职、实习和调研三种方式。在低年级阶段,可以广泛地寻找兼职,即不一定要与专业相关,以锻炼能力、体验生活为主。在高年级阶段,应结合专业方向,有针对性地寻找能培养专业技能与职业素养的实习与兼职工作。调研活动可以结合学校暑期社会实践活动,到企业开展各类职业相关的主题调研。因此,大学生在各种社会实践活动中,在了解社会,培养职业素养和能力的同时,要做一个搜集就业信息的有心人。

### 三、常见的就业信息渠道对比

获取足够的职场信息有助于毕业生更好地选择职业。从不同渠道所获取信息的精确度和难度是不同的,如图4-1所示。

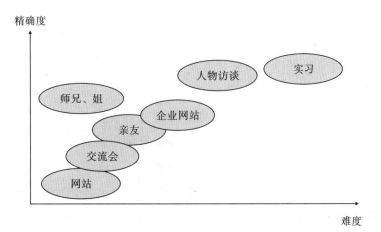

图4-1 不同渠道所获取信息的精确度和难度比较

可见,从不同的渠道,如招聘门户网站、交流会、亲友、企业网站、人物访谈和实习,获得真实职场信息的准确度逐渐加大的同时,投入的时间精力也逐渐增加。但是有一个例外,也就是通过生涯人物访谈的方式来访谈作为校友的学长学姐,既可以获得较为精确的信息,同时获取信息的难度也是比较低的,这是学缘关系带来的便利。

从图4-1可见,要想更准确、全面、有效地获取用人单位的信息,毫无疑问,参加实习是最真实有效地体验职场的机会。通过实习,可以了解到最全面的职业信息,感受最真实的职场生活。但参加实习需要投入大量的时间和精力,这也是难度最大的获取信息的渠道。

在没有相关实习工作经历的情况下,要想较为便捷快速地获得真实的职场信息，可以通过与目标职业领域的职场人士交谈，比如有就业经验的学长学姐，或者那些正在从事你想要从事的工作的人，进行面对面或者线上交流，从而获得关于行业、职业和公司"内部"信息，这种生涯人物访谈形式是相对简单又准确获得真实职场信息的一种方法。

生涯人物访谈的目的并不是去找工作，而是搜集可以促进你作出明智职业生涯决策的信息，获得从大众传媒得不到的深入信息、个性化信息。

要想通过访谈获取高质量的就业信息，访谈提纲需要提前用心准备。下面列举一些常见的访谈问题供大家参考：

(1)您是怎样决定自己的职业选择的？做了哪些准备？

(2)这个工作要求具备些什么技能？

(3)工作中，您的主要职责是什么？

(4)工作中，哪一些是您很喜欢很乐意去做的？有没有哪一些是您不太愿意去做的，或者如果可以选择您会更喜欢做哪一些？为什么？

(5)能否描述一下典型的工作日是什么样子的？一周呢？

(6)您的工作条件如何？包括时间、环境、着装等？

(7)这个行业的起薪和平均水平是多少？有哪些福利？

(8)您对这个职业的发展前景是怎么看的？

(9)这个行业还与哪些职业和行业紧密相关？什么样的经历(兼职、实践、实习等)能让我离这里更近？

(10)方便推荐我其他的行业人士谈谈吗？

(11)您所在领域的职业生涯发展通道是怎样的？

(12)这个工作，哪部分让您最满意，哪部分最有挑战性？

(13)对于一个即将进入该领域的人，您愿意给出一些建议吗？

以上问题仅供参考，一次访谈的问题不宜过多，一般为5～10个；在选用其中的问题时，要关注到自己提这个问题的目的是什么，问题要简洁、明确，按照约定时间结束访谈，不可浪费被访谈人的时间。

### 四、就业信息的整理

从不同途径获得就业信息后，还需要对所获取的信息进行处理。通常来说，需要经过以下几个步骤。

## (一)对信息进行筛选

搜集到大量就业信息后,首先要做的是对信息进行鉴别筛选,认真细致、去伪存真地处理就业信息。

第一,判断信息的真实有效性。剔除那些虚假、重复、过时的信息。

第二,分析信息的实用针对性。深入了解职业特点及对从业者的需求,看信息能否为己所用。

第三,保持信息的完整全面性。由于获取信息渠道不同,有些信息可能是间接取得,并不全面,在筛选过程中一定要注意追求信息的完整性。

## (二)对信息进行分类

面对筛选后的大量就业信息,需要对信息进行科学分类,并结合自己的实际需求状况对信息排序。这样既方便查找,又有利于及时更新。

第一,按性质分类。根据就业形势、就业政策、招聘信息、求职经验等分类。

第二,按地域分布分类。根据政策法规的适用地区范围或招聘单位所在的省市地区进行分类。

第三,按要求分类。根据用人单位提出的专业要求、学历程度、性别要求等分类。

第四,按个人兴趣分类。根据个人的兴趣所在,将不同单位行业的信息进行分类。

## (三)对信息进行处理应注意的问题

第一,对有用信息进行梳理。可用记事本备忘,在电脑里做一个文件夹记录,并对这些材料进行编目和索引,以便及时有效、合理正确地利用就业信息。

第二,参照信息努力提升素能。搜集就业信息之后,一定要根据信息中对人才的要求对照自己,从中发现不足并努力缩小差距,弥补自己在知识技能或综合素质方面的不足。

第三,注意信息反馈。信息具有很强的时效性,所以对于经过筛选整理的有效信息,应尽早决断并向用人单位反馈求职意向,不要贻误时机。

正式开始求职前,务必要根据自己的职业规划方向,明确自己的求职意向。不可一会儿想做金融,一会儿想搞IT;一会儿想去大公司拼实力,一会儿想去小公司攒经验。根据自己当下的能力、职业规划,确定合理的求职目标,否则会迷失在信息的海洋中,事倍功半。

思虑周详地安排一份均衡的求职目标名单的同学,往往会比那些漫无目的海投的同学所承受的求职压力小一些。建议同学们可以给自己制定一个就业目标单位记录表,见表4-1。申请每个类别的就业目标单位,既要有雄心勃勃的有挑战性的目标,也要给自己一些后备选择,以期能够获得心理上的成功和安全感。

表 4-1 就业目标单位记录表

|  | 单位 A | 单位 B | 单位 C |
| --- | --- | --- | --- |
| 最想去的 |  |  |  |
| 理想的 |  |  |  |
| 比较满意 |  |  |  |
| 一般单位 |  |  |  |
| 保底单位 |  |  |  |

一要定方向,指导细化自己的求职目标。搜索招聘信息时筛选出合适的意向工作,针对筛选出的意向工作,分门别类记录各方面的信息,比如岗位类型、行业选择、企业规模/性质,工作地点、薪资福利(如落户、住房、补贴)、发展路径(如培训、晋升)、团队氛围/工作环境/企业文化等。建议用一张 Excel 表罗列出公司、职位、申请时间点、网申链接等信息,方便高效。

二要细准备,制定详细的求职计划。需要投哪些单位、什么时间投、具体的求职计划,可参考往届发布的招聘情况进行准备,对求职目标进行分类管理,对企业性质、地域、行业以及岗位都做好分类。

在应聘过程中,要做好过程管理。详细记录求职的进程,对已经进行到了什么状态、做了哪些准备、还能做什么等都及时记录整理。

三要善借鉴,学习过来人的成功经验。在此,给大家举两个具体的学长分享的例子,并加以解析。

## 案例1

邵同学是浙江大学建筑工程学院2021届城乡规划专业本科生,现就业去向为浙江省金华市选调生。他分享的具体内容如下:

时间过得很快，转眼面临毕业。我深知自己社会经验不足、对各类职业和自身性格的认识也不够深刻，所以并未轻易将自己的求职方向限制死，而是采取多听、多看、多干的策略，试图慢慢摸索出一条适合自己的道路。

　　多听，就是广泛聆听各类讲座报告，多和亲人朋友沟通。应届毕业生择业的最大问题，可能在于两个不理解：一是不理解自身性格特质，因为一时的热爱或随大流而入错行；二是不理解职业的具体内涵，出于某些偏见而拔高或看低了某些职业。此时，家人和师长的建议尤为重要。就业不是一个人一时的选择，而是一家人的事，更何况"知子莫若父"，家人可能看得更长远、更切合实际；学校组织的各类学长学姐交流会，我也积极参加，他们对某一类职业的了解相对更深入，对我的启发也很大。

　　多看，就是拓宽自己的信息渠道，主动关注各类媒体网站。学校和学院在协助学生就业方面下了大功夫，就业网站上有许多值得仔细阅读的内容。此外，各类行业相关的公众号也是我重点关注的内容。

　　多干，就是在不断地尝试中找到方向。大四暑假，我在设计院实习的同时，也积极参加了秋招，投了几家地产和建筑公司，听了许多企业的宣讲会，参加了几轮面试。也是在这一阶段，我对地产行业、规划设计行业、建筑行业、选调生政策等都有了进一步的了解。结合家人师长朋友的建议，最终选择了适合自身个性特质与追求、与所学专业匹配度也较高的选调生方向。

　　为了最大程度发挥本科专业的价值、最紧密地将理想与现实联系起来、最妥善地继承那颗年少轻狂的初心，努力成为一个有学问、有理想、有节操、有作为的人，公共服务类型的事业就成为我的最佳选择。

　　**案例解析**：从邵同学成功上岸浙江省金华市选调生的案例中，可以看到通过各种渠道搜集职业信息的重要性。邵同学在求职前和求职中，通过以多听、多看、多干的策略确定了自己的职业选择——选调生。就业信息收集要遵循适用性和针对性原则，否则将会在众多丰富的就业信息中把握不住方向。选择一个合适而非所谓"好"的方向是关键。一般来讲，求职最重要的是找准自己的定位，切忌眼高手低。与其执迷于"好"单位而错失了很多宝贵的机会，不如找到和自己能力相匹配的职业，再积累经验寻求进一步的提升。如果在某一条道路上屡屡碰壁，那就要学会及时调整方向。

## 案例2

张同学是浙江大学化学工程与生物工程学院2019届硕士研究生,现就业去向为宝洁公司(P&G)的供应链管培生。她分享的具体内容如下:

职业选择如海边拾贝,没有优劣,只要选到喜欢的就好。自我认知是主观的内在挖掘,职业选择还需要客观衡量外在环境。当选择就业后,要考虑行业细分赛道,我要选择哪一个?在这个行业我更倾向于技术岗还是管理岗?我的优势与能力是否匹配这个岗位?很多人在开始时就理不清思路,最后海投乱投,浪费时间精力,得不偿失。我犹豫过是否在本行业就业,但是感觉自己不适合继续做研发或者制造业相关工作;而转行意味着失去了专业优势,尤其对我们毫无经验的应届生来说面临多重风险。在无法辨明方向的时候,只有行动才能解除恐慌。

研二下学期初,一方面,我开始关注"offer先生""小灶能力派""互联镖局""白熊事务所"等求职微信公众号,每天做实验间隙看几篇热文推送和求职经验分享,慢慢开始接触求职领域;另一方面,实践出真知,在保证完成科研任务的同时,我先后在世界500强企业制造部和互联网电商平台实习。也是在这个过程中,我初步制定了自己的求职目标,伴随着大热的互联网和大数据兴起,传统制造业也亟待转型,而两者之间相关联的一个点便是供应链,升级打造智慧供应链,必将列入多行业的发展规划之中。好多同学看到互联网是热门,却不知道即使是互联网运营岗,也分内容运营、商品运营、用户运营等多种系类,而工作内容大相径庭。实习其实是你了解企业和相关行业的良好契机,在真正的实习过程中,你可以直观地判断岗位与自己是否契合,正如科研中要通过阅读文献了解学术前沿知识,实习也要有了解行业趋势和行业信息的主动性。

**案例解析:** 从张同学成功入职宝洁公司供应链管培生的案例中,我们可以看到,她在就业信息搜集过程中首先是理清思路,究竟是在本行业就业还是转行,然后通过实习初步确定了自己的求职目标,抓住了本行业与互联网、大数据的交叉领域的就业机会,并亲身感受真实的职场生活,从而更加精准地判断岗位与自己是否契合。就像她所说的,"好多同学看到互联网是热门,却不知道即使是互联网运营岗,也分内容运营、商品运营、用户运营等多种系类,而工作内容大相径庭。"搜集就业信息,不仅要了解用人单位的要求以及自身与行业职业的匹配度,更要主动去了解行业趋势和相关行业的发展机会,尤其是在当今科技飞速发展的时代,互联网、大数据、云计算、人工智能、区块链等技术加速创新,只有积极采取行动,才能抓住新的就业机遇,赢得求职择业的主动权。

## 结束语

本章主要介绍了就业信息的概念、获取渠道和收集方法,以期为毕业生更有效能地求职提供帮助。对于担心自身能力不强,在未来求职季难以顺利落实工作的同学来说,尽早明晰适合自己发展方向的职业领域,并根据当下职业信息中的具体要求,及时调整自己的知识、技能结构。如发现自己在哪方面的关键知识和技能不符合要求,就马上着手认真去学习,积极主动参加相关实习实践活动,不断积累经验,提升技能,这样才能在后续的求职择业中游刃有余。正如当下的一句流行语所说的,"你只有拼尽全力,才能看起来毫不费力。"

### 拓展阅读

#### 职业探索相关资源

一、获取宏观就业数据的渠道举例

(1)CIER 中国就业市场景气指数报告,每季度发布一次。由中国人民大学中国就业研究所与智联招聘联合发布,反映就业市场的整体走势。报告内容:不同行业、不同地区、不同城市等级、不同企业类型等供需指标的动态变化,来反映就业市场上职位空缺与求职人数的比例变化。

(2)北森的年度《中国企业招聘指数(BRI)报告》。

(3)北森 X 脉脉《后疫情时代中国职场机遇指南》。

(4)智联招聘的年度《白领秋季跳槽及职业发展调研报告》,一年发布两次。

(5)智联招聘的《中国年度最佳用人单位评选报告》。

二、大学生就业相关报告举例

(1)麦可思研究院的年度《中国大学生就业报告(就业蓝皮书)》,每年发布一次。

报告内容：毕业去向（行业、职业、单位）、就业满意度、职业期待吻合度、毕业生起薪、工作与专业相关度、离职率、自主创业比例、专业预警（红牌绿牌专业）。总报告外还包括"应届毕业生就业报告""职业发展报告""培养质量报告"和"专题分析"四部分。

(2)中华英才网的年度《中国大学生最佳用人单位调研综合报告》。

(3)北森的年度《中国企业校园招聘趋势报告》。

(4)BOSS直聘研究院的年度《应届生求职趋势报告》。

(5)58同城的年度《中国大学生最佳用人单位调研综合报告》。

三、我国的产业、行业发展机遇举例

(1)2018年中国战略性新兴产业展望：新兴产业是经济增长的重要力量。

(2)埃森哲的《2020年技术展望：新数字时代的人与技术》。

(3)百度的5G产业链全景图。

四、产业聚集（就业地理位置）举例

(1)我国将建100个国家创新型产业集群。

(2)中国不同产业主要分布地区在哪？一文带你了解国内产业分布情况。

(3)智能机器人产业集中分布在哪几个地域？智能机器人产业分布详解。

五、查询某一城市的企业列表

城市大黄页或行业大黄页，图书馆有纸质版，网络搜索关键字：企业名录。

六、行业报告获取渠道举例

知乎帖："在哪里能找到各行业的分析研究报告？"

七、创业类网站举例

GEM网站，该机构是研究全球的创业现象的较可靠机构，网站里有数据库。

八、薪酬报告获取渠道举例

(1)前程无忧(51job)可按地区、职能、职级查询。

(2)职业圈（职朋）

——输入职位，可见不同行业、不同公司同一职位的薪资情况。

——输入公司名称，可见该公司诸多职位的薪资情况。

(3)看准网

——输入职位，可见不同行业、不同公司同一职位的薪资情况。

——输入公司名称，可见该公司诸多职位的薪资情。

(4)专业网站：如，中国薪酬网、中国薪酬调查网等。

(5)公众号：猎聘智库、薪酬报告。

九、具体职业信息查询举例

(1)O*net。

(2)学职平台。

(3)百度百科。

(4)知乎。

十、其他资源推荐

(1)生涯人物访谈操作方法。

(2)高校的公众号推送的职业资讯和生涯人物访谈。

十一、视频节目推荐

(1)综艺《令人心动的 offer》。

(2)职人向访谈类网络视频节目《职人介绍所》。

(3)Bilibili 相关短视频。

十二、实习相关资源App推荐

(1)青团。

(2)微信公众号：实习僧。

(3)微信公众号：小鹿求职。

十三、宏观经济数据查询举例

(1)国金证券研究所(国家宏观经济研究数据和报告)。

(2)国家宏观经济数据(GDP、CPI、总人口、社会消费品零售总额、粮食产品、PPI，各地区行政规划、各地财政收支等，分月度季度和年度)。

(3)国家统计局(包括年度、季度、国家、国际、年鉴，几乎涵盖所有数据指标和历史)。

十四、新职业、紧缺职业发布举例

人力资源和社会保障部官方网站。

## 思考题

1. 你如何考虑自己的就业信息搜索方向？

2. 你经常关注的就业信息来源是什么？

3. 自选一个职业方向，开展一次生涯人物访谈。

## 第五章 简历撰写与投递

知者行之始，行者知之成。

——《传习录》

### 学习目标

- ❖ 认识与理解简历的本质。
- ❖ 学习和掌握简历撰写的要素。
- ❖ 了解简历投递的要点。

简历是沟通求职者和用人单位之间的一种媒介和工具。对于求职者而言，它是有针对性地自我展示的一种逻辑化、规范化的表达。对于招聘毕业生的用人单位而言，简历在招聘的前期是全面客观了解求职者的一个重要途径。

很多与简历有关的社会调查结果显示，学生会有学生的困惑，招聘人员会有招聘人员的困惑。比如，学生的困惑是"简历写什么？简历怎么投？网申怎么办？我自己的经历没亮点怎么办？"招聘人员的困惑是"你到底想找什么工作？为什么简历通篇找不到重点？什么是自己的优势？是不是在夸大其词？"

本章围绕简历内容、简历撰写和简历投递这三个方面，我们来共同分析这些困惑背后的故事。

## 第一节 寻找自我之旅——如何认识和理解简历本质

简历是个人一生当中，在家庭、学校、职场与社会各方面所从事的活动与经验总和的呈现。个人在发展过程中，逐渐塑造出个人的独特生活。大学生涯中的个人简历，其不断充实的过程就是一个人持续迭代的成长历程。

简历是一份关于自己的正式文件，是非常重要的一种应用文体。简历中除了有必要的个人信息外，主要是介绍自己的背景、技能和成就。当你准备推开世界的窗，当你尝试迈入社会的门，一份优质的个人简历会助你一臂之力，帮助你获得一次又一次宝贵的面试机会。常常有同学感叹，写一份简历并不难，但要提供一份让招聘人员眼前一亮，能使自己脱颖而出的简历似乎并不容易。你在制作简历的过程中遇到挑战了吗？

在正式开始"简历撰写"课程之前，让我们来看一看招聘人员是怎样筛选简历的。

纵观各家公司，招聘人员遵循相似的简历分类程序，他们通常快速地把简历分类，在每份简历上花费的时间从10秒到1分钟不等。在给简历分类时，招聘人员会从上到下"扫描整页纸"，重点关注突出强调的粗体字以及他们个人认为能反映候选人品质的最重要"信号"，在现实的时间约束下快速、有效地完成简历筛选工作。

因时间有限，第一遍快速浏览只是把简历分成三堆——"必须要""可以考虑要"和"不要"。然后，招聘人员会仔细看看"必须要"的，看完这部分，合格的人可能已经比需要得多了，所以也许就不必去看"可以考虑要"的那堆。倘若简历质量不佳，可能就很难被认真细读，更不用说获得面试机会了。

可见，一个人无论是求职也好，跳槽也罢，成功率和简历的质量息息相关。简历的主要作用是向未来的用人单位推销自己，简历上的信息要具有针对性，这样才能帮助你获得面试机会。一份好的简历，要通过自己做过的事情，体现自己的能力，特别是要显示出比同龄人、应聘同职位的人能力更强。

## 一、认识自我，构建生涯——撰写简历的前提

简历是个人生涯的缩影。高校毕业生在找工作过程中，如何将眼光放长远，从长期主义角度出发，主动构建自己的职业生涯，这是每个毕业生都应当认真思考的问题。中国人民大学周文霞教授曾分享过她的研究与思考，"生涯主要指职业生涯，既包括客观部分，如工作职位、工作活动及工作的变动，也包括对工作相关事件的主观直觉，如个人态度、需要、价值观和期望。"

在构建自己的职业生涯过程中，要开始逐步认识自我。北京大学心理健康教育与咨询中心主任庄明科老师曾提出，"认识自我"需要四种思维，即临界思维（一天、月、年生命）、例外思维、奇迹思维（理想的一天）、实验思维（设计不一样的生活）。

周文霞教授曾提出，生涯构建力指个体主动规划设计自己的职业生涯，并且践行实现自己的规划的一种能力；好生涯都是构建出来的，要做到以下几步：①澄清价值观——明确需求；树立自我职业成功标准；②周密计划与可变策略——周密计划与偶然机会的平衡；③积累四大资本——人力资本（知识与技能）、社会资本（关系和人脉）、心理资本（个体的心理状态、内在动机、使命感）、道德资本（品行和境界）。

## 二、精准排布，凸显能力——简历内容及其核心作用

简历是别人接触自己的第一印象，或是一张信用名片。求职的逻辑是当我们去求职的时候，让招聘人员看到自己的综合能力，然后根据对相关能力的评估，判断是否符合目标岗位需求，符合并被录取就代表求职成功。

如何判断自身能力与求职岗位是否匹配，这是我们在求职过程中时常遇到的疑问。那么，我们的简历能够充分体现出自己的综合能力和素质吗？

有学者将能力分为三个部分：最外层是知识，即你懂得什么；中间一层是技能，即你会做什么；最里面的核心层是你的才干，也就是你的性格、风格。根据能力的特点，将目光投向我们的就业岗位，具体呈现的方式则是：招聘人员首先看求职者的专业，是否拥有稳定的专业能力来进入特定的领域；然后看求职者能干什么，现在是否具备足够的能力来处理岗位所需要的事情。所以，简历要表明自己的能力，比如曾经做过什么样的事情（工作或学习事件），通过做过的这些事情以及取得的成果来展现自己拥有足够的能力或者潜

力来胜任求职岗位。另外,招聘人员会关注到求职者的性格,即性格和这个岗位是否匹配,能否和周围的环境、同事等和谐融洽相处。

在求职的时候,我们要把自己的能力淋漓尽致地展示出来。因此,简历上一定要有相关的内容——首先表明"你是谁"(基本信息);第二个是"你懂什么"(专业和学历);第三个是"你会什么"(个人能力)等。"你懂什么"是进入这个领域的敲门砖,这里有一些细化的内容,比如教育背景,专业学历、获奖证书等。"你会什么"决定你是否有足够的能力应对处理好事务,常常需要用我们的实践活动来体现,即你在什么时间做过什么样的事,取得过什么样的结果,如校内实践、校外实习、自主创业等。"你会什么"也体现个人的才干品格,往往指的是你在项目经历或社会实践中展现出来的个性品质,如清晰的工作思路、稳健的工作作风等品格,以及外向内向等性格特质。

综上所述,简历就像你的求职名片,把大学四年锻炼的所有能力用很精准的结构体现出来,它主要包括四个部分:基本信息、教育背景、实习实践经历以及个人才干和品质。

招聘人员阅"简历"无数,有专家将简历的审阅概括为"一留二看三想见"。一留,也就是很多招聘人员看简历没有那么长的时间,一般三秒至十秒,所以求职者要在最短的时间让招聘人员快速得到你的能力内容线索;二看,你的能力要突出、优势要凸显,和这个岗位要符合;三想见,当对简历真正感兴趣后,招聘人员才会安排与求职者面试详谈。

### 三、知己知彼,有的放矢——不同岗位的简历特点

撰写简历时要针对不同求职岗位有的放矢,要根据不同类型的岗位职能要求来撰写特色鲜明的简历。一般来说,企业的基本组织架构都包含生产、研发、市场、销售、客服、财务、人力、行政等部门。这些职位工作属性各不相同,有的岗位工作与具体的事务接触频繁,比如财务要记账、生产和技术做研发;而销售、客服、行政等岗位需要经常与人打交道。与事物打交道和与人打交道需要的能力侧重点也不尽相同,前者侧重动手能力,后者倚重沟通能力,并且在具体工作中又会有不同要求。下面从"能力三核"的角度来了解这些职位有什么不同的具体要求,以某网站上公开的招聘简介为例,分别分析技术、销售、行政、公关这四个岗位(见表5-1)。

表 5 - 1　岗位职责三核分析

| 能力三核 | 技术岗位 | 销售岗位 | 行政岗位 | 公关岗位 |
| --- | --- | --- | --- | --- |
| 知识 | 计算机相关专业，本科及以上学历，三年以上工作经验 HTML/CSS/JavaScript/ES6/Type-Script/Node JS；MV＊Flux 掌握 React 和 VueJS | 专科以上学历（条件优秀者可放宽）专业不限 | 行政管理或相关专业 | 公关专业 |
| 技能 | 编程、算法、编码能力强，架构思维，熟悉单向数据流架构，熟练配置使用 Webpack/Babel/Eslint 等前端工具 | 学习，执行力 | 时间管理能力、外联和公关，解决突发事件，中英文写作，熟练使用操作办公自动化设备，人际沟通、协调能力 | 文字驾驭能力 语言表达能力 人际沟通能力 熟练使用 Word、PPT、Excel 等办公软件 创新能力 |
| 才干 | 沟通表达和团队协作的意识与能力 | 五官端正，态度认真负责，有耐心、亲和力，善于沟通，踏实肯干，追求上进 | 团队意识强 | 市场感知 团队协作 创作激情 有耐心和耐性 责任心与热情 |

首先，这四种类型的岗位对知识的要求是不一样的。技术岗位对知识的要求特别细致详尽，某些专业知识点在技术岗位称之为门槛；另外，我们会发现，销售岗位对知识的门槛要求是最低的——专业不限；行政岗位和公关岗位对知识的要求又有些许提升，可能需要有相关的专业背景作为入职门槛。

其次，从技能层面进行比较。技术岗位对专业技能的要求特别清晰严格，如"编程、算法、编码能力强"。这些技能不属于和人打交道的，基本上以个人独立完成为主；销售岗位则需要宏观的学习能力和执行力；同时，行政岗位和公关岗位的每一个能力点如"时间管理能力、外联和公关、解决突发事件、中英文写作、熟练使用操作办公自动化设备、人际沟通、协调能力"又都明确列出。

最后,从才干层面来看,技术岗位只要求了一条,就是沟通表达和团队协作的意识与能力;要求最多的反而是销售和公关岗位,需要"市场感知、团队协作、创作激情、有耐心和耐性、责任心与热情",不同岗位的画像跃然纸上。

对于技术岗位来说,"能力三核"要求以知识为主、技能优先、才干较少;而销售岗位是要求知识不限、技能关键、才干优先;行政岗位则是知识打底、技能通用、才干最少;公关岗位要求具备相关行业的公关知识、掌握通用技能、突出创新能力。表5-2列出了用三核分析不同岗位职责和简历特点得出的结果。

表5-2 三核分析不同岗位职责和简历特点

| 能力三核 | 技术岗位 | 销售岗位 | 行政岗位 | 公关岗位 |
| --- | --- | --- | --- | --- |
| 能力要求 | 知识为主,技能优先,才干较少 | 知识不限,技能关键,才干优先 | 知识打底,技能通用,才干最少 | 知识具备,技能通用,才干突出 |
| 简历特色 | 专业和技术扎实,相关开发实习经验,人要靠谱 | 专业不限,要有耐心和成就心 | 突出相关经验,会相关通用技能,人要合群 | 有创新能力,相关市场知识和经验 |
| 重要部分 | 教育背景,专业课,相关实习实践 | 相关校内外实践,个人性格外向、有野心 | 相关校内外实习经验,性格稳重、人缘好 | 做过创新性实践经历,性格活泼有创意 |

因此,撰写针对不同岗位的简历,就要有不同岗位的特色。比如,对于一份技术型的简历,要全方位展示扎实的专业知识,能够体现出相关方面的实习实践经历和经验。反观销售岗位,简历要体现出个人具有很强的沟通意愿和人际交往动机,还要体现出韧性和毅力,具有愿意迎难而上的勇气和决心。"围绕一个中心",即求职岗位的需求,我们要为不同类型的职位制作不同的简历,而不是拿着同一份简历到处投,"有针对性地为每一个不同职位制作简历,的确需要你多花点时间准备,但也更容易让招聘人员在茫茫人海中快速把你挑出来。"

## 第二节　聚焦关键要素——如何积累和提炼简历素材

大学生求职首先要树立正确求职观，既要看短期，也要看长期；要边做边学边判断，做好能力素养上的储备；要内外和谐，协调统一，坚持渴望，尊重当下的环境和现实；也要建立良好的心态，突破自我，确定取舍。简历里的每一行都呈现出你的个人求职观，也是大学生涯的缩影和折射。规划简历，有时也是规划大学人生。

准备一份优秀的简历可以从六个方面入手，用简历的英文单词"RESUME"中的六个字母来概括："R"："Reality"，真实性、信息量；"E"："Excellence"，优异性，经历说话；"S"："Skill"，专业个人技能的体现；"U"："Unique"，独特性、闪光点；"M"："Management"，管理性、生涯规划态势；"E"："Exception"，例外、细节决定成败。

### 一、简历的第一要素——真实性

有效的简历是对个人经历、教育背景、技能和成就真实而简明的陈述。"真实性"是很重要的，几乎所有的用人单位都希望看到真实的信息，比如你的技能、教育背景、相关经历和联系方式。真实严谨的简历才容易得到用人单位的肯定，"假大空错"的简历只能导致求职失败。简历要避免"大和空"，指的是简历里使用的语言不要过于宽泛，要呈现细节，尤其是不应该有毫无意义的空话。简历要杜绝"错"，说的是错别字，或者是错误的标点符号。此外，简历需要客观，尽量少用主观词汇来呈现个人的信息要素。

用人单位经常会核实简历里的相关信息，在出现不一致时，应聘者会被立刻淘汰。简历真实性可以体现在"两个基本点"：即个人自身的硬件和软件。硬件指获得的学历、资格证书等；软件指个人的实习、工作经验、综合素质等。

常见的毕业生简历一般包括六大内容：基本信息、教育背景、学生工作经历、实习实践、获奖情况和自我评价。

基本信息通常包括：姓名、电话、邮箱。政治面貌不是必写项，如果你是中共预备党员或党员，建议写上政治面貌——党员身份是个人政治素质的表现，能够证明个人的素质能力和品格特色，与任何一个岗位都有高相关性；是否放照片视具体情况而定，用人单位要求有照片就放，没有要求通常不建议放。

教育背景主要包括：进入大学以来的学校、专业、学历。如果成绩较好，可以写上自己的成绩以及年级排名。

每块内容都有写作的重点，比如，学生工作应写明自己取得的工作成绩和带来的价值等，其中获奖情况和自我评价这两部分内容可以有机融入简历的其他部分中，一般不单独罗列。

全面系统的简历是更有价值的。我们需要把个人的真实信息分成三类：第一类是必须要提供的信息，应该在简历里面体现；第二类是辅助信息，要选择性地体现；第三类是完全没用的信息，放到简历中反而会干扰招聘人员，因此应从简历中全部删除掉。

## 二、简历的第二要素——优异性

平淡无奇的简历容易被淘汰，亮点突出的简历才能够脱颖而出。如果你有亮点，就应该让这些亮点在你的简历中突出展示。不少同学撰写简历时，简单地按照时间次序分点写1、2、3、4……这种写法没有亮点，无法抓住招聘人员的眼球。如何在简历中突出优点，让自己尽可能脱颖而出，可以参考以下的小方法。

一是在简历中描写奖励情况的时候，要特别注意强调奖励的级别和特殊性，体现所获得的奖励的难度，比如全校仅有1%的学生获得此项奖励。二是弥补自己的劣势，比如你学习成绩不是很好，最好的解决方法是突出与职位相关的高分课程，建议将相关的高分课程写到简历里面。三是恰当使用标识符，并注意句号、逗号、分号的精准运用。四是强调数据化，用具体数据或百分比来量化自己的工作成绩和技能，数量词比空洞无物、华丽辞藻的文字描述更能吸引人的注意。写好简历的关键，不是把金子埋到沙堆里让人去找，而是要把沙子洗掉，让金子更耀眼。所以，必须重点突出优势事件。

对于学生而言，在学校期间参加课外活动和社会实践，表明他有意愿尝试学习之外的生活，并且有可能在此过程中积累工作经验。有过丰富课外实践经历的应届毕业生，在进入社会后适应岗位通常会更快一些。有些招聘人员认为求职者的课外实践活动体现了他们的驱动力和进取心。用人单位寻找的新人，不仅要能在严苛的工作环境中生存下来，还要能在此环境下焕发出勃勃生机——这些人不仅能完成组织在工作上对他们的期待，也能超越期待，甚至能够承担更多的工作。招聘人员普遍会把求职者在课外实践活动中取得的成就视为对他们工作习惯的反映。

对于学生而言，校内外实践包括：①理论学习，如参加讲座、论坛、网络课程。写这些校内外实践时要运用数字法则，比如说累计参加了什么类的讲座多少场，累计大概多少小时，拓宽了关于哪个方面的视野，等等。②大学生活，包括学生工作、志愿活动、学科竞赛、创业比赛等。学生工作如担任团委、学生会、各种社团等学生组织的干部，可以写自己在什么时间担任过什么职务，组织了多少场活动，累计参加多少人次，获得过什么样的奖项，撰写了什么样的规章制度，体现沟通、组织、计划、协调等能力。③实习实践，包括企业实习、兼职工作等。如校外实习，多长时间做了什么样的工作，最后取得了一个什么样的结果，获得了什么样的称号，等等。把具体的事情数字化，可以体现自己的工作兴趣点，也可以让人看出自己在读书期间对于未来的工作已经开始有所准备。显然，一份有与应聘岗位相关联的实习经验的简历更容易吸引招聘人员的眼球。

同学们在撰写简历的实践经历模块时往往存在以下问题：缺少实习经历，没有什么可以写；过往实习经历与应聘职位相关性不大，有的实习是为了完成"任务"；实习内容以打印、复印、跑腿等琐碎的工作为主，缺乏技术含量；虽然有大公司实习经历，但因为缺乏好的内容描述方式，本来应该很闪亮的经历却被描述得平淡无奇。要防止出现类似问题，同学们在策划实习活动前，就要明确实习定位，创造共同价值——正确认识实习的价值，选择合适的实习岗位，做好充分准备，注意积累、有的放矢；在实习实践过程中要认真捕捉重点工作，增加锻炼机会，培养提升能力，为后续求职积累重要砝码。

### 三、简历的第三要素——专业性

无论选择哪种风格的简历，它都应该包括对求职者相关技能和成就的描述。技能是指完成某项活动的能力，"在简历中列举关键技能"的重要性近年来也在急剧增加。根据在IBM软件部门工作的专家的观点，大约90%的大型公司都在使用求职者数据库系统，以某项技能和工作经历为关键词去搜索目标求职简历。

技能可分为三种类型：专业知识技能、自我管理技能和可迁移技能。专业知识技能就是一个人所掌握的知识，需要经过有意识的、专门的学习和记忆来获取，常常与我们的专业学习或工作实践直接相关，一般用名词来表示；自我管理技能指的是一个人所具有的个性特征和品质，用来帮助一个人更好地适应环境，是影响职业生涯成功与否的个人最有价值的"资产"，一般用形容词或副词来表示；可迁移技能也称为通用技能，可以在生活的方方面面特别是工作之外得到发展，在工作内外、工作之间通用，是用人单位最看重的部分，一般用动词来表示。简历中应多用名词、动词和数量词，少用形容词，因为自我管理技能无法直接展现，通常需要在个人的成就故事中体现。

简历中的关键词也是凸显简历专业性的重要部分，因为用人单位首轮筛选简历主要是通过人工或计算机的方式筛选关键词。关键词是指在应聘时所使用的关于技能、资质证书、实习工作相关活动和其他任职要求的核心字眼，对关键词的选用必须要用心。大量的求职者都会使用同样的流行词汇去描述自己，如有创造力、善于施加影响、擅长沟通交流、外向、积极主动、充满活力等。比如，根据数以百万用户的网络简历，领英发现在其个人档案中，"有创造力"是个最常被用到的词汇。求职者要特别注意关键词与应聘职位的契合，这样才能让关键词发挥真正的作用。

大学生在校期间所做的活动都可以用三类技能的组合来具体描述，比如，"娴熟地翻译过10份英文资料""连续2年作为办公室助理细致归类办公文档""作为第一负责人组织过2场200余人大型院系文艺晚会""做过一年的兼职销售工作，销售成绩居实习生首位"，等等。

证书和奖励也是专业性的一种体现，例如英语等级考试证书、计算机等级证书、普通话证书等，这些证书代表着你对专业知识技能的掌握水平；其次就是你获得过什么样的奖励，是个人奖项还是团队奖项，奖励也能体现你的专业素养。

## 四、简历的第四要素——独特性

大家一起来看一个简历案例："第一年当干事，第二年当副部长，第三年当副主席"，这是典型的流水账。其实，我们可以根据实际情况很好地挖掘出该生社团工作经历的亮点，比如她是"校学生会2020—2021年唯一任期满三年的主席团成员，唯一从干事成长到副主席的女学生干部"，这就可以体现出该生的职业忠诚度和学习能力。因此，当确定工作经历写什么之后，要尽力找到自身这段经历的独特之处在哪里，并注意表现形式，以一种低调又恰当的方式，把自己的价值尽可能地表达出来。

另外，同学们在实习实践模块中也经常需要写关于当家教的经历，比如曾担任过初三学生的物理家教，那么，简历中可以写的内容是："2020—2021年，担任初三14位学生的物理家教共计300课时，客户满意度超过94%；课时单价从40元提高到80元；学生期末考试成绩平均提升30分。"这就是我们最常见的采用数字原则的写法，结构清晰，表达简洁，有亮点和重点，体现差异性优势。

### 五、简历的第五要素——管理性

优秀的简历会呈现一种态度，即严谨、保持内容与岗位的一致性和积极向上的发展趋势。在自我评价部分，要通过对自己的认知，体现与公司目前所招聘职位的匹配度；在工作经历部分，不局限于陈述工作内容本身，而应强调你的职责和在工作中所取得的成就。在求职目标部分，要把焦点聚集在你和公司双方的需求上，充满对职业的期待。

每个人在不同的时间段以及不同的领域发展是不平衡的，但是在简历中要给人呈现一个表现稳定，而且是持续向上的趋势。因此，在简历中需要讲这样的故事——在求学和职业生涯中，是一直在进步的，成绩越做越大。你自身的价值是基础，简历是表现形式，招聘人员只能凭自身经验来判断你"价值几何"。对于工作经历，应该采取一种更具体的写法，也就是想说明一件事的时候，想清楚怎么把问题说得更具体，可以通过撰写"成就故事"来让经历具体化。

那么，什么是"成就故事"？如何撰写"成就故事"？

过往学习生活中令你有成就感的具体事件，只要符合以下两条标准，就可以被视为"成就故事"。①你喜欢做这件事时体验到的感受；②你为完成它所带来的结果感到自豪。

写下这类具体事件，然后对其进行分析、总结和反思。撰写成就故事需要考虑四个方面，即情景（situation）、任务（task）、行动（action）和结果（result）。这就是撰写成就故事经常用到的STAR法则，亦即每一个故事都应当包含以下要素：

(1)你想达到的目标：即需要完成的事情；

(2)面临的障碍、限制和困难；

(3)你的具体行动步骤：如何一步步克服障碍、达成目标的；

(4)对结果的描述：你取得了什么成就；

(5)对结果的量化评估：可以证明你成就的任何衡量指标。

现用一个学生的实际经历举例说明如下：

首先考虑工作内容：实习期间的产品销售、活动策划、团队建设、微信运营、社会实践等数据统计……

其次考虑做了什么：运用什么工作体系，采取了什么样的工具，进行了什么样的思考，运动了什么样的方法，如何执行，结果是什么……

最后盘点重要成果：这个活动共有多少人参加，是否有媒体报道，活动同比增加了多少人等具体信息……

**【故事一】**

1. 情景(situation)

"我第一次当部门大型活动的总负责人，前后有场地、预算、流程、宣传等多个类型的小组需要管理，每个小组在完成各组的任务中都出现了或大或小的问题，那段时间学业任务较为繁重，心理压力较大。"

2. 任务(task)

主要任务的困难是需要在规定时间前，进行宣传品和现场装饰品的购置，但是预算不足。

3. 行动(action)

(1)指导宣传组学习网上手工DIY视频；

(2)指导后勤组购买了DIY材料包和喷漆，利用快递瓦楞纸箱进行切割和喷漆，制作现场装饰品；

(3)由于时间紧急，还发动其他小组，分配安排组员进行简单的教学后投入装饰品的制作。

4. 结果(result)

现场装饰氛围基本达到预期成果。

**【故事二】**

1. 情景(situation)

"我因工作需要，将负责组织内部公众号的迁移和新板块的设计，同时进行策划书的撰写。但是在公众号运营领域从未有过相关经验。前一份策划书草案去年提交未通过,如果本年度策划案仍质量不佳,该项目将被迫中止,前期工作将付诸东流。"

2. 任务(task)

需要尽快写出一份具有说服力和可行性的公众号迁移策划案。

3. 行动(action)

(1)向有相关公众号运营经验的同学请教、取经;

(2)学习网络和视频网站上已有的相关经验并进行总结;

(3)调研和分析校内各大型组织、大型公众号的栏目分区和高点击量推文,拟写适合本公众号的定位与栏目方向,通过邮箱和微博联系其他大学学生会公众号运营者,与他们交流取经。

4. 结果(result)

公众号迁移取得成功并且新栏目受到好评。

## 六、简历的第六要素——注意事项

"致广大而尽精微。"细节决定成败,"尽精微"才能消除可能存在的风险隐患,确保工作取得实效。简历处处都要体现出求职者本人的扎实和严谨,于细节处见真章。

(1)不能有错别字。如在简历中出现较多错别字,而职位要求工作细致性比较高,那么必然会被淘汰出局。遗憾的是,现在同学们的简历中,存在错别字、用错标点符号、格式错误等情况比比皆是。简历中在这方面不出现任何问题的应聘者,要么是求职愿望非常强烈,在准备简历时花费了大量心思,要么是做事认真负责,这样的求职者当然是值得关注的。

(2)不能有语法错误。不管是中文简历还是英文简历,语法错误都是应聘者语言文字水平不高的反映。当文字能力是职位所需的重要技能之一时,频繁出现语法错误的简历,将会被直接淘汰。

(3)简历篇幅要适当。过长的简历往往表明求职者缺少从用人单位的角度考虑问题,这既可能是由于缺乏应聘经验造成的,也可能来自心态本身没有调适好。简历既然叫简历,就不能太长,通常控制在一页 A4 纸,而且职业目标和与具体职位有关的重要技能与成绩不能有遗漏。简历的格式无须复杂和花哨,只需设计得让人一眼能看到他们想看到的信息,同时要让自己提供的信息构成一个完美的故事，能够呈现出自己持续向上发展的趋势。

（4）个人照片放不放。照片得体的简历容易拉近距离，博得招聘人员的好感。简历放不放照片，不同的人有不同的回答。以下几种情况中，如果照片和你的岗位气质非常契合，是可以考虑提供的：一是固定格式的简历。有的时候招聘人员会提供固定格式的简历让大家填写，或是在网申平台上填写相关信息的时候有一个上传照片的区域。二是隐形需求，如果岗位对一个人的体态、容貌、气质有要求，就应该提供照片。三是亮点，如果你认为自己的容貌长相是一个亮点，也可以提供照片。如果需要提供照片，首选正装照、工装照和职业照；背景宜用蓝色、白色和灰色，尽量不要采用红色背景；不要用合影或者是横版的照片；妆容、造型得体职业。

最后，简历书写的格式有几个小细节值得注意：电话号码书写最好采用3-4-4 划分；邮箱 EMAIL 地址注意用户名；教育背景用倒叙方式，从最高学历开始，追溯在高校的教育经历；社团工作及实习经历等都要多采用动宾短语来描述。

## 第三节　写有道投有术——如何修改与投递简历文本

求职初期，我们常常会经历以下几个阶段，即明确方向、分析岗位、撰写简历、简历复盘、投递简历。

### 一、简历评估与修改

通常而言，求职简历的投递与网申发生在招聘的第一个环节。之后是面试和笔试。面试和笔试可能不止一轮，形式也多种多样。之后是实习政审或者体检，最终获得用人单位的录用通知，与用人单位签订毕业生就业协议书。

纵观整个招聘流程，我们可以看到求职简历的目的就是帮助我们顺利地进入到招聘考核的下一个环节，从而获得进一步展示自己优势的机会。也就是说，求职简历是求职面试的一个敲门砖，好的简历是帮助大家开启面试之门的钥匙。

在求职择业这一时段，帕森斯的特质因素论仍然是适用的，人岗匹配是职场招聘的底层逻辑,即用人单位一直在寻找最适合某个特定岗位的人。在招聘之前,用人单位已经有了对所需人员的轮廓,并详细界定其各种素质和能力。招聘要做的,就是找到对号入座的人。显然,求职简历的制作与修改,就是为了把自己变成那个对号入座的人。

评估简历可以从以下三个方面进行。第一,好的简历应该像说明书一样。招聘人员在阅读简历的时候能够全面系统地了解求职者的工作技能和劳动力价值。第二,好的求职简历应该像广告一样。求职简历还有自我推销、自我推荐的功能,简历要能凸显求职者在工作技能上的优势。第三,好的求职简历应该像情书一样。求职简历应该用心去制作,为了打动招聘人员,最终获得自己心仪的那个工作岗位。

有专家提出用五角分析法来修改简历。第一是"看",广泛地在网上查找简历制作和修改的相关技巧和资料。第二是"读",大声通读可以发现语句不通顺以及错别字所在。第三是"听",听老师、同学、家长对个人简历修改的建议。第四是"问",问问自己简历的呈现是否达到了预期目的、是否有更好的表达方式、是否有改进和提升的空间。第五是"比",见贤思齐,将自己的简历跟其他同学、学长、前辈的简历比较,吸取别人的优势和长处,让自己的简历更加完善。

下面举例来具体说明如何修改完善简历。

某实习简历局部修改前:

2018.03 - 2018.06　　某律师事务所
- 进驻项目现场,协助项目尽职调查工作,撰写尽调报告
- 协助律师拟写股改文件、法律意见书、律师工作报告等文件
- 全面检索特定行业的法规文件及其他基础资料并整理成报告
- 协助项目网络核查、走访访谈客户供应商及整理底稿与编制目录

2017.10 - 2018.02　　某律师事务所　　　　　　　　　　　民商部实习生
- 拟写起诉状、律师函、代理词等诉讼文书
- 审查和修改商务合同、部分常年法律顾问单位合同
- 检索裁判案例和法规文件;案卷材料的整理、编码和归档
- 负责协助律师接待客户,提供法律咨询和服务

按照前述的 RESUME 六大要素进行修改后:

2018.03 – 2018.06　某律师事务所

- 参与 3 个 IPO 项目。10 天内独自出差至 8 大城市开展业务调查和访谈，收集到充足的隐蔽性数据，并在夜间完成分析校验，及时反馈发现的问题，日均工作时间达 13 小时，出色完成任务，深受高级合伙人肯定。
- 独立完成"新能源汽车发展""民办教育促进"研究报告。掌握专业平台及网络渠道全面准确检索技能，以图表化形式呈现成果，有效推动项目深入开展；拟写尽调报告、法律意见书、股改文件，文书能力显著提高。
- 负责网络查验、整理底稿与编制目录。5 天内高效完成 10 大平台、4 级政府官网对 82 个对象的全面网络核查，核查出分公司未披露行政处罚，使项目避免了潜在风险。
- 积累形成"专业知识库"。每日进行"工作复盘"，总结方法、思路与不足，持续提高工作效率。

2017.10 – 2018.02　浙江某律师事务所　　　　　　　　　　　　民商部实习生

- 参与民商事诉讼案件 20 余个。独立完成 2 个民间借贷纠纷及劳动工伤案件的案件梳理、拟写律师函、起诉状、代理词，整理证据目录及立案材料等所有工作。
- 审查修改商务合同。掌握风险规避技巧；运用"关键词""逻辑运算符"等方法精准检索裁判案例和法律法规；完成案卷材料的整理、编码和归档，强化逻辑思维能力。
- 负责协助接待客户，提供法律咨询和服务。在直接与客户的交流中学会提取关键法律事实，掌握谈判沟通技巧。

## 二、简历定位与投递

### (一)网申

现在很多简历的投递都是通过网络，即"网申"。网申就是网络在线申请，通过招聘公司的网站或者是第三方的招聘平台在网上投递简历的求职方式。网申跟线下投递最本质的区别就在于，线下的投递我们要站在招聘人员的角度去思考问题；而在网上进行网申时，既有机选，又有人选，所以我们不能只站在招聘人员的角度去思考问题。

网申的流程大体上有五个步骤。第一步，首次使用要先注册，有账号密码之后，就可以登录；第二步，挑选意向岗位。不同的公司对意向岗位的数量是有要求的，严格一点的公司只允许你投递一个岗位，不严格的公司可以允许你投递2~3个甚至更多；第三步，在线投递简历；之后可能有第四步，通常是附加问题，如填写未来规划、回答开放式问题等；还可能有第五步，如填写职业倾向或者能力测试。

网申有四个原则，第一个是时间原则——宜早不宜迟，建议尽可能提早投递。第二个是匹配原则——用关键词来匹配。因为电子招聘人员、智能AI等是用关键词来筛选简历的，需要我们尽可能用关键词来匹配电子招聘人员的判断标准。第三个是完成度原则——对于可选择填写的信息，一定要填写清楚，保证内容完整。最后一个是异步原则——不建议在线直接编辑填写，建议大家首次登录之后把相关的页面截图，在线下把相关信息准备好，再次登录后把相关的信息复制、粘贴进网申平台，确认无误后提交，这样不容易出错。

## （二）邮件

要认真对待简历的邮件投递。首先是格式。建议把Word文档转换成PDF文档，作为附件发送。文件名需要写上姓名和应聘岗位，这样招聘人员打开前就知道你要应聘哪个岗位，而且方便分类保存。其次是排版。现在有很多专门的简历网站，针对不同岗位都提供一些简历模板供参考。简历中需要突出的部分可采用字体加粗、用不同的字体、字号加大、加下划线等方式来凸显，即简历中特别重要的动词、名词和数量词，尤其是和应聘岗位特别契合的关键词。

投递出去的简历一定要有明确的求职意向，排版美观，重点突出，这是加分项。没有明确求职意向、海投的简历，或者简历形式花哨、排版不专业，甚至有错字、病句，这是减分项。简历投递出去后，还可以及时跟进，通过打电话沟通确认对方收到或是上门约见时再次投递纸质简历。请记住，多频次、多渠道沟通，始终保持积极主动的态度，这些也是求职成功的重要保障。

最后对本章内容做个总结。这一章主要谈了简历的撰写，有几个关键的内容需要清晰明确地透过简历传达给招聘人员：

(1) 你从哪个高校毕业，掌握何种专业技能？

(2) 你实习过几家公司？分别接触或工作过什么岗位？

(3) 曾经解决过什么问题？取得过什么成绩？

(4)你的能力如何?是否已通过之前的经历证明?

大家在自己的简历中,要把这些要点用合适的方式展现出来,体现出个人信息真实性、个人经历优异性、个人技能专业性、个人亮点独特性、个人生涯管理性和个人态度严谨性。这才是简历的主旋律。

规划人生,从撰写好简历开始。

### 推荐阅读

1. 《你的生命有什么可能》2014年,湖南文艺出版社。
2. 《拆掉思维里的墙》2010年,中国书店出版社。

### 思考题

1. 撰写简历有哪些关键点需要注意?
2. 请针对自己的目标职位设计一份简历,并结合简历六大特性分析自己的简历,看看有何优缺点。

# 第六章 求职礼仪形象管理

质胜于文则野，文胜于质则史。文质彬彬，然后君子。

——《论语·雍也》

### 学习目标

- ❖ 认识礼仪形象对成功求职的重要性。
- ❖ 学习仪容、仪表、仪态和言行等求职礼仪包括的主要内容。
- ❖ 正确认识自身在求职礼仪方面存在的不足。

在求职的过程当中，不少人以为写了一份好的简历就能够稳操胜券。殊不知，除了一份"完美"简历，良好的形象也是成功求职的重要因素。毕业生求职过程中在招聘人员面前展现出"文质彬彬、然后君子"的良好形象是非常重要的。

有人说你永远没有第二次机会给人树立第一印象。有一条著名的沟通定律叫作"55387"定律，即55%＋38%＋7%，其中决定一个人的印象的55%体现在外表、穿着、表情等；38%是讲话时的语气、语调等；7%是说话的内容。而你给招聘人员的第一印象，将会让招聘人员在整个面试过程中不断去求证他对你的看法。同一个人穿休闲装和穿职业套装，带给人们的第一印象是不一样的。比如，招聘人员看到西装革履来参加面试的求职者，他可能会认为"这个求职者看起来非常有精气神，可见其对此次面试非常重视"，这样就先建立起了一个较好的第一印象。所以说，形象在求职面试当中会起到重要作用。

职业形象包含仪容、仪表、仪态和言行，以下将从这四个方面逐一来介绍求职中要注意的礼仪形象问题。

## 第一节　仪容篇

### 一、关于头发

美丽从头开始。仪容关注的范围，主要指两侧肩膀到头顶形成的三角区域。仪容最基本的要求是简洁大方、端庄清爽、干净整齐。

长发女生在面试前，建议将头发扎起，可以扎成简单的马尾辫，也可以编辫子或者盘发，这样整个人也会显得更加有精气神。

把头发束起来更能够让人感觉到精神、干练，感觉到气质与众不同，气场比较有力量感。

对于男生来说，总的要求就是头发要清爽干净。对于比较传统保守的组织环境，如公务员、选调生等职业，一般会要求男生头发"前不覆额，侧不掩耳，后不及领"。

### 二、关于妆容

从妆容上看，女生可以化一个清新淡雅的妆容，眼影、口红颜色不要怪异、夸张。有一点需要特别注意，假如面试时天气比较热而影响了妆容效果，面试前千万不要当众补妆，可以找一个洗手间或者其他较为隐蔽的场地进行补妆。

对于男生来讲，妆容要求比较简单，保持脸部的清洁，不留胡子，鼻毛不要露出鼻孔即可。

### 三、关于眼镜

戴眼镜去面试的时候，一定要注意眼镜的颜色和形状，要给人稳重协调的感觉，不要戴破损的眼镜，也不要戴形状夸张的眼镜，并且选择不反光、无色的镜片，出发前一定要记得把镜片擦拭干净。有同学平时会戴一种镜片会自动变色的眼镜，在室外镜片是深色的，进入室内短时间内镜片颜色来不及变回无色，感觉就像是戴了墨镜来面试。这种情况一定要避免，因为这容易给招聘人员带来不被尊重的错觉。你在和招聘人员交流时，深色的镜片会让招聘人员没有办法清楚地看到你的眼睛。有眼疾的人在室内可以戴墨镜，并且一定要提前向招聘人员做个解释，请招聘人员允许自己戴着墨镜面试。

### 四、关于表情

首先，目光一定是柔和而坚定的，不要出现目光游离，但是也不要一动不动盯着招聘人员看。其次，眼神是自然尊重的。我们经常用"炯炯有神"来描述一个人的眼睛，这说的就是眼神。在面试的时候，要注意让自己的眼睛保持充满活力、有精神的状态，从眼神里流露出来的是一种自然自信，能让对方感受到自己的大气和尊重。

与人交流时，目光应该怎么注视对方？应该注视什么地方？进门面试的时候，一般和招聘人员的距离在三米内，真诚的目光就要开始注视对方以示期盼，把内心对这个岗位、对这次面试的期盼自然地流露出来。坐下来跟招聘人员面对面交流的时候，目光要平视，表达出自信、平等以及友好；倾听招聘人员提问的时候，目光要能适时地回应交流，表明自己已经听到了或者已经领会了；在回答问题时，要注意眼神不要左顾右盼、飘忽不定，回答甲招聘人员的问题时就和甲招聘人员进行眼神的交流以及言语的交流，不要一会儿看乙招聘人员、一会儿看丙招聘人员，更不要东张西望，给人很慌张的感觉；结束面试欠身退出准备告别的时候，通常目光要向下以示谦恭感谢。

在面试中有一类让很多求职者内心惧怕的类型就是压力面试。这类面试不仅问题刁钻，招聘人员的眼神也很有"杀伤力"。比如，感觉招聘人员的目光像两道闪电一样射过来。在如此犀利的目光注视下，同学们如何保持坦然、亲切、友善，并呈现出对招聘人员的尊重呢？有两个方法可以学习使用。第一个方法为"柔点散光法"——面带微笑看着招聘人员，然后适时地点个头，时不时自然地轻轻眨一下眼睛，让招聘人员犀利的眼神在我们轻眨眼睛的过程中被化解，而且有助于保持自己脸部亲切自然的表情。但要注意，眨眼的频率不能太高，否则频繁眨眼睛，会让人误以为你很紧张或者眼睛有问题。第二种方法为"肯尼迪注视法"——即交替注视招聘人员的眼睛，一会儿看着招聘人员的左眼，一会儿看着招聘人员的右眼。这种注视法，给人的感觉是一直在专注地看着招聘人员,但因为有了左右眼的交替注视,可以帮助求职者放松心情,保持微笑表情,最终给招聘人员留下自信大方、对人友善尊重、有一定抗压能力的印象。

具体注视什么部位?是不是一直盯着招聘人员两个眼睛?当然不是,关于注视的部位也要根据具体情况来选择。一是公务凝视,从额头到眼睛这个小三角的部位。注视这个部位的时候,因为目光略微有一点点向上的仰视,可以带给他人被尊重的感觉;二是社交凝视,眼睛到鼻尖的位置,这是一个倒三角。注视这个部位时,看上去比较亲切自然,感觉很平等,彼此交流已经到了比较放松的状态。三是亲密凝视,鼻尖到嘴唇这个大三角部位,一般发生在关系比较亲密的人之间。一般来说在公众场合里,建议大家不做亲密凝视。假如与招聘人员距离在 1.5~3 米,这个时候可以看大三角的部位。不管注视哪个位置,有一点要保持不变,那就是微笑。在求职面试过程当中,需要始终保持真诚的、自信的微笑,要把对这份工作、对这个岗位的热爱,以及对自身的信心,自然地呈现在脸部表情上。

综上所述,仪容规范总结起来主要有四点:一是干净、有型的头发;二是女生清新淡雅妆容,男生干净清爽面容;三是干净无色眼镜;四是柔和专注的目光、活力尊重的眼神、亲切自然的微笑。

## 第二节 仪态篇

### 一、关于站姿

"站有站相,坐有坐相"是对一个人仪态最基本的要求。仪态包括站姿、坐姿、走姿,还包括其他一些基本的身体动作。求职面试者的仪态如何,也会影响招聘人员的评分。

"铁肩担道义,妙手著文章。"关于男生的站姿,要给人气宇轩昂的气势,最重要的是肩膀要打开。肩膀一打开,胸膛自然就挺出来了,就有了正直、担当、自信的感觉,更容易给人留下深刻美好的印象。

俗话说,"男生站气势,女生站气质。"女生的站姿,要给人清雅脱俗的高贵气质,最重要的是颈椎立起来。颈椎立起来的标准是指颈椎立直后,耳垂对下来的正好是我们的肩线,下巴微微往里收,肩膀往下压(仿佛有人用力把你的双手垂直往下拉),这样整个人看上去是舒展挺拔的。

求职面试时,比较忌讳的几种站姿有:手抱在胸前、手插在裤兜、含胸、弯腰、驼背,这些姿势都会使一个人看起来没有精气神。要想面试时有一个自然又有型的站姿,就需要平时多多注意自己的站姿,有意识地进行调整训练,以形成良好的身体记忆。

## 二、关于坐姿

求职面试过程中,无论是候场还是现场投递简历时与招聘人员自由交谈,抑或是正式面试时,都需要关注坐姿。

坐姿基本要求是腰背立直,男生可以开膝坐,但也不宜太开,一般与肩同宽。双手可以握空心拳分别放在两条大腿上,如果面前有桌子,建议双手抱拳或交叠放在桌子上;女生坐姿要注意膝盖并拢,如果面前没有桌子,双手可以交叠放在大腿上,如果穿偏短的裙装,双手可以压在裙边上。求职面试时,很可能在候场时的坐姿已经给招聘人员开始留下印象了,同学们一定要注意自己的一举一动。

哪些坐姿是要规避的呢?第一个要规避的是跷二郎腿,尤其是跷二郎腿的同时还在抖腿;第二个要注意的是避免双手交叉抱在胸前,更不要把手伸直了搭放在邻座的椅背上瘫坐在那,这样的坐姿会给人一种轻浮傲慢、有失庄重的印象。女生特别要注意坐下后不要开膝,否则会给人留下很不优雅的印象。

## 三、关于走姿

走姿是在站姿的基础上进行的。正确的走姿是,上身保持不动,颈部挺直,头自然摆正,下巴微微收起,目视前方,保持自然亲和的微笑。走动时,双肩要平(不要耸肩),腰部要立直。我们常说走路要"挺胸收腹",如何做到"挺胸收腹"?同学们可以尝试一下,深吸一口气,在气吸满时立刻屏住气,这时你的胸部就被抬上来了,腹部也吸进去了。接下来,就以这样的姿态开始练习走姿。要注意的一点是,挺胸收腹不是把肋骨也往前挺出去,也不是把腰椎往前推。

行走时,女生要注意不能扭胯。职场中,稳重为要。所以,走动的时候要保持上身不动,大腿根部发力把腿抬起,然后是膝盖、小腿抬起,往正前方走,胯是跟随腿抬起往正前方移动的(不要左右摇摆),落地是先脚跟再脚尖。女生脚步行进路线在一条直线上。男生走动时尽量不要摇肩,两只脚行进路线是两条平行线。无论男生还是女生,走路时都要注意规避两脚外八或内八。如果有脚外八或内八问题,就要有意识地纠正过来。从候场区走进面试现场或从台下走到台上,沉稳自信的走姿会给别人留下较好的第一印象。

### 四、关于鞠躬

求职面试中,仪态上还要注意鞠躬的动作。进入面试现场或是面试结束时,通常需要给招聘人员行鞠躬礼以示尊重。鞠躬有哪些需要注意的要点呢?男生鞠躬的时候是立正姿态,手放在身体两侧(不要把手放在体前交叠);女生可以双手交叠放在体前,随着身体向下弯曲,双手逐渐向下,朝膝盖方向下垂。行鞠躬礼,身体从哪里开始折叠呢?不是颈部也不是腰部,而是髋关节折叠。膝盖用力,臀部向后推,上半身自然折叠,随着臀后移程度越大,上半身折叠程度就越大。鞠躬过程中,需要注意后背、颈椎、胸椎、腰椎基本保持在一条直线上。如果距离招聘人员较近,折叠的角度就不需要太大,差不多15°即可。也就说弯身的时候,眼睛还可以看到招聘人员的脸部表情。

最后,仪态规范可以总结为:站姿、坐姿和走姿基本要求都是腰背立直。男生站姿要打开肩,站出沉稳大气的气势;女生颈椎立直,站出高贵自信的气质。男生可以开膝坐,女生必须并膝坐。面前有桌子时手应放在桌上,没有桌子时手可以放在腿上。男生走路不能摇肩,女生走路不要扭胯,都需注意不要有内外八字步。鞠躬从髋关节开始折叠,男生手放在体侧,女生可以交叠放在体前。

## ▶ 第三节 仪表篇

### 一、着装的一般规范

如前所述,在第一印象的"55387"定律中,仪表占了55%的比例。那么,仪表的规范要求是什么呢?一是干练大气、端庄大方;二是得体相宜——与经典相宜，与组织文化相宜。除了一些时尚行业，面试时尽量不要穿奇装异服。所谓经典，就是相对比较保守的要求，最好事先了解应聘单位的组织文化，着装要能与组织的文化相匹配。

求职面试过程中要不要穿正装？以下几条依据可供参考。如果下列情况中有一条符合，就建议穿正装，如果符合两条及以上，则必须穿正装。

(1)应聘的是外企、国企或事业单位，单位领导比较看重应聘者的尊敬程度；

(2)应聘的是知名公司。公司在行业中已形成讲究仪表的文化；

(3)应聘的是传统的正装企业，比如酒店、金融公司、银行等；

(4)招聘人员是级别较高的管理层；

(5)应聘的职位经常代表单位出访或与其他部门有较多正式沟通，比如销售、法律、文秘、采购、培训等；

(6)面试形式是群面，穿正装能让你不输气势；

(7)面试过程可能需要站立并面对观众讲话；

(8)面试通知中明确要求或者暗示正式着装。

要注意，穿正装不是喜不喜欢、愿不愿意的问题。如果在求职面试中还抱着"穿衣戴帽，各有所好"的想法，认为着装形象不重要，那么很可能在面试第一印象上就已经开始失分了。招聘人员见到穿着随意甚至有些邋遢的应聘者，很有可能会认为他对岗位、对面试并不看重。注重面试着装，它体现的是对所有招聘人员的尊重，以及对求职本身的重视。

不过，有些面试场景确实不需要着正装。这里同样给出几条参考依据。如果符合其中一条，可不穿正装；符合两条及以上，则建议不穿正装。

(1)应聘的公司偏向于技术性的人科技型企业；

(2)应聘的是规模不大的初创企业。招聘人员一般就是老板，便装更合适；

(3)应聘的是时尚或艺术类公司；

(4)面试是一对一的，且招聘人员并非高管；

(5)面试的职位属于内勤，比如财务、行政、客服；

(6)面试不是在公司面试室进行的，而是在一些诸如酒店大堂等公共场合；

(7)面试通知明确要求不需要正装或建议不用穿得太拘谨。

不穿正装的场合，可以怎么着装呢？相对比较休闲的着装是便西装、夹克衫甚至格子衬衫。比如，去 IT 行业的公司面试，穿大格子衬衫也没关系，因为跟他们的企业着装文化是比较匹配的。穿休闲装，不要太透、太露、太紧裹、太短，一般也都没有问题。

一般来说，面试着正装更为常见。从学生身份转向职场新人的过程，合理穿搭正装也是必备技能，这是让人快速从形象上发生改变的最简单方法。

## 二、男士商务着装

男生最正式的商务着装，会给人留下保守、经典、有力量感、稳重的印象。

### （一）西装基本规范

首先，要学会挑选西装。商务正装是成套的西装，衣服和裤子是配套的，不是随意搭配的单件西装。颜色建议选择深蓝或深灰色，一般不建议选择黑色。面料一般要求精梳羊毛面料，尚未毕业的学生可能经济条件有限，面料要求可以降低为涤纶或毛涤。关于领带，一般建议选择单色，首选藏蓝色或灰色，或者蓝白相间斜条纹。商务正装的衬衫，要求是白色或浅蓝色。

其次，要了解西装的着装三原则。一是"三色原则"，全身上下不超过三个颜色；二是"三一定律"，鞋子、腰带、公文包保持一个颜色，首选黑色；三是"三个两指"，衬衣领口高于西装领两指，衬衣袖口长于西装袖口两指，裤长离地面两指。

以上介绍的都是西装的着装基本规范。在具体生活中，还要根据实际情况学会灵活变通。下面给大家举一个具体的案例加以分析说明。

2019 年暑期，浙江大学组织学生去塞尔维亚参加暑期交流。当地负责接待师生一行的是诺维萨德大学的一位男老师。在陪同大家参观校园、街景的过程中，他穿的都是休闲装——牛仔裤加 T 恤。

本次行程中有一站是到塞尔维亚总理府。到了参访总理府那天，这位老师一上车就让大家眼前一亮——他穿了一套藏蓝色西装，白色衬衫上打了一条蓝色的领带，脚上配的是一双棕黄色的皮鞋。

带队老师当时就问学生："你们仔细观察一下，这位老师的着装有没有什么独特的地方？"

学生仔细看了看说："西装非常合身"。

带队老师说："你们再仔细看看，有什么不一样的吗？"

学生又看了一会,都摇摇头,说没看出来。

带队老师建议他们看鞋子的颜色。有学生提问:"老师,您不是说要穿黑色的皮鞋吗?这位老师穿了棕黄色的皮鞋,为什么您还觉得他搭配得很好呢?"

带队老师提醒学生看这位老师的皮带和公文包。他系了一条棕色的皮带,还拿了棕色的公文包,再搭配棕黄色的皮鞋,比较符合西装着装的"三一定律"。

至于这位老师用棕黄色的皮鞋代替传统的黑色皮鞋,大家也没感觉有什么不妥,还因为塞尔维亚的那位老师的头发是金黄色的,皮肤是白色的,所以他鞋子的颜色和头发是有呼应的,不会给人头重脚轻的感觉;而且因为棕色的皮带、公文包,小量感小面积同一个颜色重复出现,会产生一种节奏感和韵律感,给人很有搭配品位的印象。

对于黑色头发的亚洲人,若是穿棕黄色的皮鞋搭配正装,视觉上会产生头重脚轻的感觉,会给人时尚有余而稳重不足的印象。所以,建议大家去面试或是到正式严肃场合时,首选穿黑色的皮鞋。

还有一点需要强调,上面提到西裤的标准长度是指穿着鞋子裤长离地面两指为佳。那么,男生可不可以穿当下流行的九分裤或七分裤或低腰裤搭配正装呢?这里需要提醒大家的是,有些服装(如低腰裤、九分裤、七分裤)是为"大长腿"设计的,如果没有特别的"大长腿",就不要去赶时髦,否则只会暴露自己的不足。另外,严肃职业(如公务员、选调生等)的面试,建议首选比较经典保守款的西裤,保持裤长离地面两指为宜。

西装纽扣的扣法也是比较重要的细节。如果是双排扣西装,建议把所有的扣子都扣好。不过,还是建议购买单排两粒扣两侧开衩的英版西装,这个版型的西装强调腰部线条,比较修身,既有一定时尚感,同时又比较稳重。如果把几类西装排列在一起,可以明显看出单排一粒扣的西装,领子前襟部分比较长,里面露出来的部分比较多,看起来时尚有余、稳重不足;而单排三粒扣的西装,领子的前襟部分比较短,修身效果相对不好,看起来就太过保守。

在正式场合,单排两粒扣应该怎么扣呢?建议扣上不扣下。西装最早是从骑马打猎的军服演化过来的。中世纪男人的外套很长,胸前扣子很多,为了方便上下马,只扣上面的扣子,下面的扣子不扣。随着工业时代的到来,男人越来越多的工作是在室内进行，不再骑马打猎，所以外套越来越短，扣子也越来越少。但人们在穿西装的时候保留了最下面扣子不扣的习惯，来见证西服前世今生的演变。因此，男士在正式场合穿西装，有一个经典的动作是，坐下来时把所有的扣子打开，让衣服舒服，让自己舒服；一旦要站起来，就一边起身一边开始扣上面那粒扣子。这样看上去非常干练利索。当然，如果在休闲场合，一粒扣子都不扣也没有关系。

另外，扣眼也是需要关注的细节。如果仔细观察，会发现单排扣的西装在左领片上有一个扣眼，这个扣眼有什么用呢？当年这个扣眼是有实用功能的。人们骑马时为了防风，把左领片翻过来，扣在右肩部位的那一粒扣子上。今天很多风衣还保留了这个设计。后来西装右边肩部那粒扣子消失了，但左领片上的扣眼被保留了下来。扣眼，今天在法国被称为"俏皮眼"，主要是装饰用。比如戴徽章，徽章就别在扣眼的位置上。如果作为嘉宾去参加一些喜庆活动，工作人员递过来一枝花，大家注意千万不要随手把花插进口袋里，而要戴在扣眼的位置上。男士西服的左胸口袋是用来放袋巾的，当然可以放、也可以不放。在中国，大部分时候大家还没有习惯使用袋巾，很多人以为袋巾只是一个时尚装饰，其实袋巾不只是单纯装饰，它是西装最具礼仪信号的一个配饰。在较为正式的社交场合，穿了西装佩戴袋巾，往往给人留下你是精心准备着装的印象，让人觉得你非常重视这次活动。当然，在求职面试场合，不建议佩戴袋巾。

（二）西装口袋用途

西装口袋怎么用？一句话"功用在内，外面的基本不用"。意思是西装有功用的口袋是在内侧的，西装上衣外面下摆的两个口袋不使用，外面左胸的口袋可以放袋巾。如果不放袋巾，其他也不能放。千万不要插一支笔在左胸口袋，因为西装有专门的口袋放钢笔。如果穿中山装，外面左上的口袋可以插钢笔，因为中山装设计的口袋袋盖就是一个倒笔架，口袋里放一支钢笔符合它原本的设计。一般正式商务西装内里有四个口袋，右侧一个，左侧三个。右边内侧口袋用来放钱包，左侧最上面的口袋是用来放香烟或梳子，中间瘦长的口袋用来放钢笔，下面口袋用来放钥匙（因为钥匙有一定重量，可以让衣服垂坠显挺括）。如果是一大串非常重的钥匙，不建议放在西装口袋里，而是建议和手机一样放在公文包中。西裤的两侧插兜用来放手帕，后侧两个口袋中带袋盖的口袋用来放零钱包。同样不建议放重物，否则会导致口袋变形，降低衣服质感。

### (三)西装搭配规范

正装西装搭配的皮带，建议选用针眼扣的皮带，即皮带头是针眼扣的，简约的款式，不要有大大的商标或夸张的装饰。

男士正装皮鞋，是系鞋带的牛皮鞋，一般建议选用黑色。男士正装皮鞋主要有两种类型，德比鞋和牛津鞋。

两者的区别在鞋襟部位。德比鞋的鞋襟是开放式，即两个鞋襟压在鞋身上，可以根据穿鞋者的脚背高低通过鞋带进行调节；而牛津鞋的鞋襟是封闭式，即两个鞋襟压在鞋身下面，基本上无法调节。所以对于脚背比较高的人，穿德比鞋会舒服一些；而牛津鞋穿起来会显得脚更修长、更精致。

乐福鞋、豆豆鞋、莫卡辛鞋、工装鞋、孟克鞋和船鞋等都是属于休闲皮鞋。作为职场新人，平时上班场合可以穿休闲皮鞋，但不建议穿运动鞋或旅游鞋，除非是在户外工作的职业(比如，导游或体育老师等)。

和正装搭配的袜子要注意以下几点：一是颜色建议选深色，首选黑色，其他深灰色、深咖色、深蓝色也都可以；二是材质选用棉、麻、羊毛，不建议选择尼龙和丝质；三是袜筒尽量要长一些，可以避免坐下来露出腿部皮肤。

正装衬衫的选择，首先面料选织法细密的纯棉面料，其次颜色以白色和蓝色最为经典。挑选大小合适的衬衫重点关注领口、肩部和袖长三个部位。领口大小不能太松或太紧，系紧扣子后可伸进两个手指为宜。购买时可试穿，或量好尺寸，需留有一定富余，避免缩水。肩袖连接处正好落在肩膀最宽处，手臂自然垂下来，袖长在手腕到虎口的三分之一处(靠近手腕)。做工精细的衬衫针脚细密且直，珍珠母贝壳扣，而且要有领尖撑。

常见正装衬衫领子，有大八字领、八字领、异色领和一字领(也称为温莎领)这几种类型。这几种领子的区别主要在两个领片之间的夹角大小。正装衬衫的领子不宜太小，如果翻领太小了，会盖不住领带。

一字领的两个领片之间的夹角是180°的平角，一般来说，这样的衬衫领更适合脸型偏长的男士穿。

### (四)男士中山装

近年来，中山装越来越得到人们的青睐，也属于正装的款式之一。中山装比西装更显得儒雅，现代中山装结合了时尚元素与中国特色，不再是一味地传统刻板，穿上一套合身的上下同质同色的中山装，配上黑色皮鞋，会显得庄重神气、稳健大方，富有中国男子气派。

中山装的穿着讲究优质整洁、熨烫平整，衣领里可稍许露出一道白衬衫领。衣兜里不要装得鼓鼓囊囊，内衣不要穿得太厚，以免显得臃肿。穿中山装时，不仅要扣上全部衣扣，而且要系上领扣，并且不允许挽起衣袖。值得注意的是，中山装对形体有要求，甚至比西装要求更高。穿上中山装更要注重仪态，才能把中山装穿出神采。

### 三、女士商务着装

#### （一）正装基本规范

最初，女士的职业正装是模仿男士职业装设计的，为了有所区别，女性的职业装首选裙装套装，上下装同质同色。面料比较多元，可以是毛料、丝绵，也可以是化纤面料，只要硬挺有型的面料都可以选择。颜色首选黑白灰、藏蓝色或驼色等比较低调的颜色，尤其在面试时和作为职场新人时，颜色不宜太高调，并注意办公室职业装不要带荧光色。

随着时代的变化和时装行业的快速发展，女性职业装也越来越趋向于时尚化和多样化。大家也发现，女性在职场越来越干练。当下女性职业装套装中，裤装越来越流行，因为穿裤装更方便、更有效率、更有力量感。

#### （二）正装着装搭配

女性的正装皮鞋是制式船鞋，鞋跟一般选择中跟或低跟，以穿着舒服为标准。要注意鞋跟的钉子尽量选择走起路来声音不大的软鞋钉，这样在职场办公场所，不至于过于影响到别人。

在职场穿裙装套装时，袜子建议首选肉色长筒丝袜，可以是浅棕色或深棕色，也可以是深咖色或浅咖色。一般来说，不建议穿黑丝袜。

饰品可以戴简洁的耳钉，切忌太华丽、闪亮前卫的装饰品。

女性在职场建议选用硬挺有型的手提包（有肩带，装上肩带就可以单肩背），大小以能放入 A4 纸为标准，给人的感觉是干练、职业。求职面试的时候能不能背双肩包？答案是肯定的。当下，在一些较为严肃的职业场合，包括比较讲究着装的律师事务所，律师们外出跑业务时，已经开始穿正装搭配双肩背包。为什么会发生这样的变化呢？主要就是可以把双手解放出来，能够随时随地用手机，或者搭乘地铁时方便腾出手抓扶手。去面试时用电脑包也是可行的，但要注意不宜使用有比较大的商标的、颜色特别夸张鲜艳的，或者是看上去比较休闲的草编包、小坤包（手捏包）等。

(三)关于胸针佩戴

女生如果选择戴胸针，应该戴在那个位置呢？很多人会认为，既然叫胸针，不就是戴胸上的吗？其实，胸针不是戴在胸上的，准确说不戴胸高点上。佩戴胸针的位置相当于男士西装扣眼的位置。如果用手来比画一下，大概是和锁骨窝的高度平齐的领片位置，是佩戴胸针的位置。

胸针为什么戴这么高？因为人的上半身从肚脐到头顶，黄金分割线不在胸高点上，而是在锁骨窝。因此，把胸针戴在这个位置，会重塑上半身的完美比例，令人看上去更加高挑。胸针是黄金三角区域的一个亮点装饰，它会让人的视线往上走，从而增加了视觉的高度。

综上，求职面试的仪表要求是，首先要注重面试形象，留给别人的第一印象中55％来自仪表。要了解面试的职业性质，挑选与用人单位着装文化相适宜的服装。如果需要穿正装，要注意着装的每一个细节，给人留下干练、有品位的印象。

## 第四节　言行篇

求职面试过程中，同学们在言行上要注意些什么问题呢？

### 一、电话礼仪

很多时候，入围面试是通过电话通知的，应聘者咨询相关求职问题可能也是通过电话。在使用电话进行沟通时，要注意的主要问题如下。

第一是保持能被听见的笑容。笑容如何能被"听见"？当应聘者发自内心渴望这个岗位、感谢对方给予面试机会，那么声音自然就是带着笑的，传递给对方的也是高兴或阳光开朗的感觉。

第二要及时记录面试的信息。在求职期间，应聘者要养成一个习惯，接到应聘单位打来的电话时要备好笔纸，一边接听一边做好记录。如果正在上课或其他不方便详细交流的情况下，可以跟对方说："不好意思，我现在正在路上或正在上课不方便接电话，我过几分钟给您打回来，您方便吗?"一般不建议用诸如"麻烦您给我发个短信吧"之类的给对方提要求的话语回复。

第三要注意和对方确认信息。挂断电话前，要把面试的时间、地点、需要携带的资料等信息和对方确认一遍，确保所有信息准确无误。在电话里也可以简短咨询对方关于面试的细节问题，比如对着装有没有要求等。在通话过程中，如果因为网络信号不好而中断了通话，可以提前跟对方做一个说明，并在方便时及时回拨。

## 二、微信礼仪

如今微信越来越普遍，很可能招聘单位就是用微信跟应聘者沟通的。微信沟通时应注意什么呢？

第一，要注意微信名，建议用实名加所在的学校、专业，让对方一目了然，方便快速找到你。

第二，要及时回复他人的信息，如果没有及时看到回复晚了一定要向对方表达歉意。尽量用文字沟通，不要发语音，也不要主动发起视频通话，因为对方所处的环境可能不愿意被他人看到。

第三，要注意微信内容的排版。发信息前一定要思考一下整体内容，注意要有条理、有思路，编辑好后再仔细检查一遍想表达的内容是否能让对方明白，还要特别注意不要有错别字。

第四，要注意选择工作时间进行沟通。不是特别紧急的情况下，不要在非上班时间发信息给对方。

第五，注意发微信也要有称呼，如果知道对方的职务，可以用职务来称呼对方，比如某经理、某处长；如果不知道对方职务，建议用泛尊称，比如某先生、某女士。

第六，要注意礼貌用语，比如，在适当的称呼后紧跟"您好"。

第七，是注意少用巧用微信的表情符号。在求职面试与对方交流的时候，表情符号一要慎用，尽量少用；如果一定想用，也要用得巧妙，比如，可发几朵花表达感激之情，让对方感受到你的感激和愉悦。

## 三、进门礼仪

建议提前5~10分钟到达面试地点，提前感受面试环境，帮助自己舒缓稳定心情。进入面试室之前，不管面试室的门是开着还是关着，都应该先轻轻敲门，得到允许以后再进入。推门进去，应该是整个身体一同进去，不要低头、弓背，要大大方方。进门后要对招聘人员行注视礼，并保持适度的微笑，然后用手轻轻把门关上。走到座位入座前，向招聘人员主动问好、致意，比如用"您好！"（如果是群面，只要行注目礼微笑即可）。在招聘人员没有请引导入座时，不要急着入座，待招聘人员提示入座时，道一声"谢谢"后再坐下。

## 四、言谈礼仪

面试过程中，一定要多用问候语、请求语、感谢语、抱歉语和道别语。对招聘人员的问题要一一回答，回答的时候尽量不要用简称、方言、口头语或网络用语，以免对方难以理解。

面试过程中要保持自然放松，切忌做一些捂嘴、歪脖子或者吐舌头之类的小动作。

求职面试全程都要注意：第一，不能说之前应聘公司的坏话，或者是招聘人员的坏话。第二，不要用反问的句式。比如说招聘人员问了一个问题，如果不知道怎么回答，并反问对方："那你认为呢？"这种反问会给人留下比较自负、缺乏诚意的不良印象。参加群面时，要学会用正面的方式来回应他人，营造和谐的氛围。比如，即使不认同某位应聘者提出的观点，也不要直截了当地说："你这样说真是太没有道理"，或者"你这个完全是胡说八道"，等等，切记不要用这种否定的方式。回应他人可以采用诸如"我能理解你的感受，但是我有一个不同的想法……""我对这个问题的想法和你有所不同，我的想法是……"第三，不要用圆滑来代替机敏，圆滑和机敏有时就是一线之差。尤其是面对两难选择的问题时，如果真的不知道怎么回答，请如实告诉对方，不要故意回答一些模棱两可的废话。第四，尽量避免使用"我认为""我觉得"这类语句，招聘人员都是有经验的人，而应聘者是职场小白，应聘者侃侃而谈的"我认为……""我觉得……"可能会引起招聘人员的反感。第五，避免插话。不要为了表现自己或急于表达自己的观点，在招聘人员说话的时候就进行插话。打断别人说话都是非常不礼貌的行为。如果误以为招聘人员已经问完直接接话了，结果招聘人员又要继续说，那要立刻中断自己的回答，停下来跟招聘人员说："对不起，我以为问题已经问完了。"一定要及时表达歉意。

## 五、结束礼仪

面试结束时起立,用大方的眼神再一次正视对方,发自内心、真诚地和对方做最后的告辞,可以说"谢谢给我这个面试的机会,如果能有幸进入贵单位服务,我必定全力以赴。"然后鞠躬行礼说再见。退出门的时候轻轻把门关上。

应聘回去后,若有需要,也可以写一封感谢信,对这次面试过程中招聘人员给予的指导帮助表达感谢。感谢信最好在 24 小时内发出,不要拖时间。

### 结束语

本章主要从仪容、仪态、仪表和言谈这四个方面,简要对求职面试礼仪进行了讲解。希望大家从现在开始,在生活中有意识地主动练习,养成自然优雅、得体有礼的好习惯,从而在求职面试的过程,让好的职场礼仪助力你顺利达成所愿。

**推荐阅读:**

1. 观看电影《王牌特工Ⅰ》。
2. 观看电视连续剧《三十而已》《完美关系》《理想之城》。

**思考题**

1. 为了在求职面试过程中树立良好的第一印象,你准备如何开始练习?
2. 在仪容、仪表、仪态和言谈四个方面,你最需要改进的有哪些?你打算如何改进?

# 第七章 在面试中脱颖而出

一定要有自信的勇气，才会有工作的勇气。

——鲁迅

**学习目标**

- ❖ 认识与理解面试的基本内容。
- ❖ 学习和了解面试的基本类型。
- ❖ 把握面试准备的基本技能。

面试是通过书面、面谈或线上交流（视频、电话）的形式来考察一个人的工作能力与综合素质，通过面试可以初步判断应聘者是否可以融入自己的团队，是一种经过组织者精心策划的招聘活动。在特定场景下，以招聘人员对应聘者的交谈与观察为主要手段，由表及里测评应聘者的知识、能力、经验和综合素质等有关素质的考试活动。

面试是用人单位挑选员工的一种重要方法。面试给用人单位和应聘者提供了双向交流的机会，能使用人单位和应聘者之间相互了解，从而双方都可更准确做出聘用与否、受聘与否的决定。

总的来说，面试有以下几个方面的目的：①考核应聘者的动机与工作期望；②考核应聘者仪表、性格、知识、能力、经验等特征；③考核笔试中难以获得的信息。

对大学生来说，大家参加的多是校园招聘，那校园招聘的具体流程是怎样的呢？

一般来说，用人单位在校园招聘中会设置简历初筛、测评、笔试、面试等环节，而面试又分为初试、复试、终试等，有些用人单位甚至有四五轮面试，可见面试在校园招聘中的重要性。

那么这些面试究竟是如何进行的，我们怎样才能在面试中脱颖而出呢？这是本章要帮助大家解决的问题。

## 第一节 了解面试

从招聘人员的角度来说，在面试中，自我认知清晰、对企业和岗位有深入的了解、能力与岗位匹配度高、有理想有抱负的人，往往更能获得认可。

面试不仅仅是临场发挥，相关技能都可以通过训练得以提高。通过正确的练习与充分的准备，就可以大大提高面试的成功率。所以，首先，我们需要了解什么是面试。

### 一、面试的作用

#### （一）通过面试可以考察到笔试难以考察到的内容

笔试是以书面的形式对应聘者进行考核，以文字为媒介，主要考察的是应聘者的专业知识技能。应聘者的很多其他素质，比如形象气质、外在表现、个性特征、价值观等，就很难通过笔试进行甄别。这时候，用人单位就需要采取面试的手段，对应聘者的其他能力进行进一步考核。另外，笔试可以让应聘者对问题进行相对充分的思考后才作答，而面试是即时性的，很多诸如眼神、神态等肢体语言会提供更多信息，并且在招聘人员的追问中，也能将应聘者在笔试中想要隐藏的一些不愿表露的信息展现出来，让招聘人员能够更真实完整地了解应聘者。

#### （二）面试可以综合考察应聘者的知识、能力、工作经验及其他素质特征

面试是招聘人员和应聘者之间采用语言的方式进行双向沟通的一种活动，招聘人员可以根据岗位需要对应聘者的知识、能力、工作经验及其他素质特征进行提问。对于不同的岗位，招聘人员也可以事先准备不同的测评方式，

以便让应聘者能够最大程度展现自身在与岗位需要相匹配的一些能力特质方面的具体状况。

### (三)面试可以让招聘人员和应聘者充分交流，明确意向

面试过程中，招聘人员和应聘者可以进行充分的交流。在面试过程中，应聘者并不是完全处于被动状态。招聘人员可以通过观察和谈话来评价应聘者，应聘者也可以通过招聘人员的行为来判断主招聘人员的价值判断标准、态度偏好等，从而调节自己在面试中的表现。同时，应聘者也可以借这个机会了解自己所应聘单位、职位等的具体情况，以此决定自己是否可以接受这一工作。所以，面试不仅仅是招聘人员对应聘者的单向考核，也是一种双向选择的方式——使招聘人员确认应聘者是否符合岗位要求，同时使应聘者明确是否真正愿意去该岗位工作。

### (四)面试可以测评应聘者的全方位素质

相对笔试来说，面试的灵活性更大、方式更多样、内容更丰富。面试通过各种各样的反映，可以对应聘者的口头表达能力、为人处事能力、操作能力、独立解决问题能力以及外在仪表仪态、气质风度、兴趣爱好、脾气秉性、道德品质等做出全方位的考察。因此，面试是一种综合性的考试。

## 二、面试的特点

### (一)面试以谈话和观察为主要手段

面试过程中，招聘人员向应聘者提出各种问题，应聘者对这些问题进行回答，所以谈话是面试中的一种主要手段，招聘人员会根据岗位需要的各种能力，采用各种不同的问题和测评方式对应聘者进行提问，进而从应聘者的回答中判断应聘者是否具备岗位所需要的能力。

此外，面试是招聘人员和应聘者进行互动的一个过程。面试中，招聘人员会运用自己的感官来观察应聘者的非语言行为，特别是面部表情和身体语言，招聘人员会经由人的表象推断应聘者的深层心理。面试过程中，应聘者面部表情和身体动作会有很多变化，招聘人员可以通过这种变化来判断其心理状态。比如，应聘者不敢与招聘人员对视、气息急促，可以反映出其自信心不足。在面试过程中，具有不同心理素质的人，其身体语言的表现形式也各不相同。

所以在准备面试时，除了对面试内容进行全方位的准备以外，对自身的

表情、身体动作、语音语调等外在部分，也需要进行练习，可以对着镜子练习，也可以通过拍摄视频的方式，从视频中观察自己有哪些可以改进的地方。一般来说，招聘人员期望从外在表现中解读到的信息是，应聘者拥有自信、乐观开朗、沉着冷静、从容不迫等积极素质。

### （二）测评手段灵活，可针对不同职位的需要进行调整

根据岗位性质的不同，面试采取的方式也可以灵活多样。比如，针对侧重专业技术类型的岗位，招聘人员往往主要采用专业问题以及操作类问题对应聘者进行考察；而针对侧重人际交往类型的岗位，招聘人员则可以采取情境类问题或行为类问题对应聘者进行考察等。根据不同的面试轮次和目的，面试也可以采取不同的方式进行，比如初面，如果招聘人员希望考核应聘者的团队合作能力等综合素质，则可以采取群面的形式，常见的是无领导小组讨论，从讨论中观察应聘者的综合素质；若是终面，如果要考察应聘者动机、求职意向等，就可以采取单面的形式，与应聘者进行深入的沟通交流。同时，由于面试内容会因为应聘者个人经历、背景、工作岗位的不同、面试中的表现不同而产生不同的变化，招聘人员会根据应聘者的个人情况及时对面试进行调整，所以面试具有更强的灵活性，从面试中测得的个人信息也会更丰富。

### （三）面试能够充分调动应聘者的主观能动性

面试是在互动式的氛围中进行的，应聘者并不是一味地处于被动地位。如果应聘者能够发挥自己的才智跟上招聘人员的出题思路，积极主动回答招聘人员提出的问题，甚至能够"埋下包袱"，让招聘人员主动跟着你的思路提问，更可能取得优秀的面试成绩。所以，面试是可以提前练习的，站在招聘人员的角度思考可能被问到的问题，提前准备相关问题，在简历和自我介绍中埋下伏笔，主动引导招聘人员进行提问，这些都是成功面试的重要基础。

### （四）面试评价具有主观性

与笔试有明确的客观评价标准不同，面试的评价标准往往带有较强的主观性。招聘人员的评价往往受个人主观印象、情感、知识、人生经历等诸多因素的影响，不同的招聘人员对同一位应聘者的评价往往会有差异。所以，在面试中，应聘者在表达个人想法的时候，尽可能使用客观因素；使用主观因素的时候需要特别小心，因为如果此时招聘人员的个人价值与应聘者不同，那就可能会因为主观因素而对应聘者的评价产生较大偏差。

### 三、面试测评的主要内容

（一）外在仪表与整体形象

通过面试可以很好地观察应聘者的外在仪表和整体形象，主要是应聘者的体型、外貌、气色、衣着举止、精神状态等。一方面，通过观察应聘者外在的表现，可以考察应聘者气质与岗位是否相符；另一方面，通过外在表达，招聘人员也可以由表及里推测到应聘者的深层心理。

对外在仪表和整体形象的测定没有专门的题目，主要是由招聘人员在整个面试过程中通过观察给应聘者的一个评定，所以要求应聘者在整个面试过程中保持一致的仪表风度。特别是，当应聘者进入考场的时候，招聘人员首先看到的就是应聘者的外在仪表，这就使得招聘人员在面试开始前对应聘者有了最初的第一印象，而第一印象效应或者说首因效应告诉我们，初次见面的第一印象对于总体评价一个人会起到非常关键的作用，甚至有时候是决定性的作用。所以，对于应聘者来说，给招聘人员留下一个好的第一印象是非常重要的。

（二）与岗位匹配的胜任力

胜任力就是那些与工作或工作绩效直接相关的知识、技能、能力、特征或者动机等，可以用来区分绩效优秀者与工作平平者之间的差异，也能够较好地预测一个人未来的实际工作绩效。基于胜任力的面试技术已经越来越多地被用人单位所使用。

根据麦克利兰（1973）提出的胜任力冰山模型，它是指担任某一具体工作所需要的胜任力总和，分为显性和隐性两部分。显性的胜任力比较容易观察和评价，一般为外在的知识和技能；隐性的胜任力不太容易观察和评价，一般是个人的深层特质，比如动机、价值观、个性品质等。在面试中，招聘人员往往会根据不同岗位所需的胜任力准备不同的测评方式和问题，从而对应聘者进行相应的考察。

1. 知识和技能

知识和技能主要指与岗位直接相关的专业知识能力和可迁移能力等。专业知识能力一般在招聘信息或岗位说明中可以直接找到，比如计算机能力、语言能力等，一般用名词来表示；可迁移能力指的是可以将这个能力应用在这个方面，也可以将这个能力应用在那个方面，一般用动词来表示，比如学习能力、组织能力等。常见的可迁移能力还有表达能力、分析能力、应变能力、人际交往能力、协调能力、沟通能力、管理能力、领导能力等。

2. 个性品质

个性品质反映了一个人基本的精神面貌，是现实生活中表现出来的心理特征。考察应聘者的个性品质，能够预测应聘者在未来工作中遇到不同情境时会做出何种心理反应以及会以什么样的态度投入到工作中去。招聘人员希望从应聘者身上看到的是积极的个性品质，比如情绪稳定、真诚热情、乐观开朗、积极进取等。

3. 动机和价值观

动机是指一个人的意图或欲求，其最后可能会导致行为的发生，因此动机可以驱使人去达成特定的行动及目标。价值观指向我们内心最重要的东西，它是我们强大的内在驱动力，是引导行为的方向，是自我激励的机制。

我国高等教育发展方向要同我国发展的现实目标和未来方向紧密联系在一起，为人民服务，为中国共产党治国理政服务，为巩固和发展中国特色社会主义制度服务，为改革开放和社会主义现代化建设服务。当代大学生理应将家国情怀、政治认同、国家意识等与自身生涯发展结合起来，树立远大的人生理想，始终以理论的清醒保持政治的坚定、促进行动的自觉。

(三) 曾经的学习工作经历

通过对应聘者曾经的学习工作经历的了解，可以考察应聘者的责任心、主动性、思维能力、口头表达能力及遇事的理智状况等。对于个人来说，学习和工作经历是自己拥有的最珍贵的财富之一，同时也是向招聘人员证明自己能够胜任应聘岗位的一种方式。招聘人员可以通过应聘者过去的经历来预测应聘者在未来岗位上的表现，同时也能了解应聘者如果成功应聘，需要提升和改进的关键因素有哪些。

(四) 求职动机与态度

这里所说的动机与态度是指求职某一岗位的动机与态度，与上文的动机与和价值观有所不同。上文中的动机和价值观与应聘者整体生涯方向和人生理想有关，而这里的动机与态度范畴较小，仅与当下应聘的岗位有关。招聘人员会具体考察应聘者希望到单位工作的目的，对岗位的喜爱程度等，以此判断岗位与应聘者的匹配度，这个匹配度不仅仅是指应聘者是否能够达到岗位要求，也有可能存在岗位条件无法满足应聘者期待的情况，此时招聘人员就会发现应聘者的求职动机不会很高，这种情况下应聘者接受聘用的概率就会降低，而且即便接受聘用，也会存在较高的跳槽可能性。

### 四、面试的类型

#### （一）按照面试场合分类

按照场合分类，面试可以分为线上面试和线下面试。其中，线上面试又包括视频面试和电话面试两种，线下面试则是指物理距离上的面对面形式。以往的面试中，各大用人单位普遍使用的都是线下面试的形式，比如先在校园举办不同形式的招聘会、宣讲会，后续的面试大多也会采取线下的方式进行。

2020年开始几乎所有的校园招聘和企业招聘都采取了线上面试的方式，用人单位从中积累了很多经验，发现线上面试的效果不错，同时也很经济实惠。线上面试和线下面试还是存在一定差异的，线上面试几乎只能看到应聘者的面部，而且对招聘人员的听觉和视觉都是非常大的一个考验，所以线上面试也是需要应聘者特别准备的。对于线上面试，需要注意：保证网络的畅通、提前熟悉相关平台的操作、注意自己的语音语调、练习仪容仪态、特别关注自己的面部细节等，更需要应聘者在非常短的时间内打动招聘人员。

#### （二）按照标准化程度分类

按照标准化程度可将面试分为结构化面试、半结构化面试和非结构化面试三种。

结构化面试指的是所有的面试题目、面试实施程序、面试评价、招聘人员构成等方面都有统一明确的规范。半结构化面试指的是部分因素有统一要求，比如有统一的程序和评价标准，但是面试题目可以根据面试对象随意变化。非结构化面试指的是对与面试有关的因素不做任何的限定。在校园招聘当中，用人单位使用最多的是半结构化面试。

#### （三）按照面试中提问的类型分类

按照面试中提问的类型可将面试分为：知识类、了解类、情境类、行为类和压力类五种类型。

（1）知识类：就是对专业知识技能进行提问，一般都是专业问题。

(2)了解类：主要了解应聘者求职的目的、动机等，比如，为什么要来应聘这个岗位，对整个行业的了解有多少等。

(3)情境类：给定一个假设的情境，根据应聘者做出的反应来判断应聘者的特质。比如："假如未来在工作中，你和领导产生了意见分歧，你会怎么做？"针对这个问题，可能让应聘者直接回答，也有可能现场找一位招聘人员和应聘者配合来实际演绎这个情境。

(4)行为类：通过应聘者过去的行为来预测其未来的表现。比如："请你讲一个最近在学习中遇到的沟通问题，你是怎样解决的？"应聘者回答的是联系实际发生的行为，招聘人员可以根据回答来了解应聘者未来再遇到此类问题时可能采取的行为和态度。

(5)压力类：通过问一些容易让人产生压力的问题或者制造一些紧张的气氛，来测试应聘者对压力的承受能力、在压力前的应变能力和人际关系能力等。应对压力面，应聘者需要表现得沉着冷静有自信，用稳定的情绪状态向招聘人员展现自己的素养。

### (四)按照面试人数分类

根据面试人数的多少，可将面试分为单面和群面两种。

#### 1. 单面

单面分为专业面试和招聘人员面试。专业面试主要考察专业功底，考察专业知识是否扎实。招聘人员面试主要考察基本素质以及应聘者与该单位该岗位的契合程度。

单面的结构一般分为三个部分：

(1)自我介绍。在面试开始前，招聘人员一般不会提前告诉应聘者具体的面试流程，包括自我介绍的时间，所以应聘者需要准备不同时长的自我介绍，至少要准备1分钟、2分钟、3分钟几个版本。

(2)招聘人员提问。根据自我介绍以及岗位要求，招聘人员会提出一些问题，比如专业类问题、了解类问题、情境类问题、行为类问题和压力类问题等。

(3)反问互动。招聘人员问完所有问题之后，可能会问应聘者："同学，我们今天的这个面试到这里就已经基本结束了，我的问题已经问完了。你有没有问题想要问我的呢？"这就是反问互动。建议大家能够去做一些反问互动，对于反问互动的问题，大家可以自由准备，但是不宜提过于宏观或者过于利己的问题。

### 2. 群面

群面也分为两种类型，一个是钟摆式提问，另一个是无领导小组讨论。

(1) 钟摆式提问。钟摆式提问比较简单，就是一组应聘者，一起进入到面试场所，招聘人员会统一问问题，然后由招聘人员指定从一号到最后一号依次回答问题，第二个问题从最后一号到一号反过来依次回答，也有可能采取不规定顺序、自由抢答的方式，这是传统的钟摆式提问。

(2) 无领导小组讨论。无领导小组讨论就是一组求职者（一般为 6～10 人），一起进入面试场所，针对同一个问题进行自由的小组讨论，事先不指定领导者。在讨论的过程中，可能自然而然就会出现领导者，也可能出现多个领导者，当然也可能完全没有领导者出现。

常见的无领导小组讨论的基本流程为：应聘者阅读给定的材料（一般为 5～10 分钟）；按照顺序让应聘者阐述观点（依次进行，每位应聘者给到的发言时间相同，一般为每人 1～5 分钟）；应聘者自由讨论（一般为 20～60 分钟，特别注意的是，该阶段招聘人员不做任何干预，也不会提醒时间，讨论时间一到，招聘人员即会终止应聘者的讨论）；讨论结束选出小组代表进行总结发言（一般为 3～5 分钟）。

## ▶ 第二节　面试准备

所谓面试，就是招聘人员通过这种方式找到符合这个岗位要求的应聘者，也就是从面试中了解这个应聘者所具备的能力是否契合该岗位。作为应聘者，同学们要做的就是在较短的时间内，把自己所有契合这个岗位的能力都表现出来。那么，能力怎么来表现比较合适呢？能力并不是用嘴去说，比如"我组织能力很强，我领导能力很强"，这样的表达，说服力是很低的。要在面试中表现出较高的契合度，首先需要应聘者在面试前做好充分的准备。面试准备过程可以分为以下六个步骤。

### 一、了解用人单位

为什么要了解用人单位？一方面，在面试中，招聘人员会询问应聘者对用人单位的了解程度，如企业文化、产品或服务等，应聘者了解得越多，说明想加入这家用人单位的愿望越强烈。另一方面,应聘者可以通过了解用人单位的具体信息来确认自己是否真的愿意加入这家单位,自己的特质是否契合该单位以及是否认可其价值观和传统文化。

怎样了解用人单位?大家可以通过搜索用人单位的官网、翻阅权威杂志、访谈内部员工等方式获得相关信息,比如用人单位的人才观、企业文化、行业地位及竞争情况、薪酬福利水平、核心岗位、校招职位、职业发展路径等。应聘者可以从中看到用人单位注重的人才观、价值观、发展前景等具体情况。

## 二、了解岗位

怎样了解岗位呢?可以先通过资料分析法。首先,从招聘广告上找到应聘岗位的招聘信息,或者从用人单位的官网找到相应岗位的岗位说明,这个招聘信息或者岗位说明就是一手资料。找到资料之后,对这个资料进行分析。

首先,把资料中的"硬实力"找出来。所谓"硬实力",主要指的是专业知识技能、学历、年龄等硬性条件,这些条件需要直接体现在应聘者的简历上。

然后,通过分析资料中的每一条职责要求,找出该岗位的通用能力,表7-1中所列举的是职场中常见的一些通用能力。大家只需要把资料中的每一条职责要求对照这个表格,分别梳理出其所包含的能力,再整理出高频词就可以了。一般建议整理出6~12个高频词,这些高频词就是这个岗位所需要的核心能力。显然,应聘者在面试中需要向招聘人员证明自己是具备这些核心能力的。

表7-1 职场常见通用能力

| 序号 | 战略决策 | 组织管理 | 执行监控 | 沟通影响 | 变革成长 |
| --- | --- | --- | --- | --- | --- |
| 1 | 战略理解与执行 | 培养下属 | 责任心 | 影响说服 | 抗压能力 |
| 2 | 客户导向 | 团队建设 | 积极主动 | 人际关系经营 | 灵活应变 |
| 3 | 结果导向 | 授权管理 | 诚信正直 | 沟通能力 | 自信心 |
| 4 | 分析谈判 | 任务分配 | 严谨细致 | 亲和力 | 自我提升 |
| 5 | 决策能力 | 绩效管理 | 情绪控制 | 感召力 | 学习能力 |
| 6 | | 规划安排 | 自主独立 | 协调能力 | 创新能力 |
| 7 | | 成本管理 | 问题解决 | 激励他人 | 社会适应 |
| 8 | | 团队合作 | 信息收集 | | 职业稳定性 |
| 9 | | | 客观理智 | | |
| 10 | | | 监察反馈 | | |

### 三、准备故事

在了解了用人单位和岗位信息之后，应聘者就需要挖掘自身特质来匹配岗位需求。在面试中，招聘人员会特别考察应聘者是否具备岗位所需的核心能力，而核心能力是需要通过个人资历来证明，也就是用成就故事的形式来表达。一般建议应聘者针对岗位的每个核心能力至少准备一个成就故事。

### 四、看笔面经

应聘者应该多看看网上的笔面经，多站在招聘人员的角度思考问题。多问问自己，如果我是招聘人员，我会提什么样的问题？要做面试的主导者，思考从自己的简历和自我介绍中可以追问什么样的问题，并做好回答这些问题的准备。要知道，一场精彩面试的主导者往往是应聘者，而不是招聘人员。

### 五、调整状态

每个应聘者都希望在面试时给招聘人员留下一个深刻的印象。面试不仅是对应聘者能力的测试，也是在测试应聘者的心理素质。所以，在面试之前，应聘者应该努力调整自己的状态，用积极的心态来消除负面心理的影响，满怀信心地在未来的面试中展现自己的风采。具体来说，主要有：抛弃完美主义心理；正确看待面试，自信而不自傲；保持平静从容的心态，要有一颗平常心，在做好充分准备的前提下，学会自我调节，多做积极的自我暗示，缓解焦虑情绪。

### 六、模拟面试

在完成上述五个步骤的准备后，应聘者基本上已经能够完成一场有一定水准的面试。但是前文也提到，面试不仅需要临场反应，更需要通过训练来加强和提升技能。所以，在参加正式面试以前，进行多次模拟面试的演练，可以大大提高应聘者在正式面试中的稳定性。此外，通过模拟面试，应聘者也可以发现自己在面试过程中可能存在的不足，以便及时改进和提高。

通过以上六个步骤的准备，应聘者可以在面试中更好地展现自己，并学会成为面试的主导者。

## 第三节　面试技巧

除了对面试进行一个完整的了解以外，一些具体环节的面试技巧也是需要应聘者去掌握的。

### 一、自我介绍

自我介绍是面试中一个非常重要的组成部分。这里用一个具体的框架来介绍总分总的自我介绍法。

总：您好，我叫××，很荣幸贵公司能给我这个机会参加面试，下面我做一下自我介绍。

分：介绍就读的大学、专业以及毕业年份。大学期间学习方面、实习方面、组织社团方面都有哪些亮点，形成了哪些优势，性格特质是什么样的等。

总：我认为我很适合贵公司某岗位，谢谢。

这就是一个总分总的自我介绍法。当然，在分的这个部分，可以看到：学习方面、实习方面、组织社团方面其实就是一些成就故事。通过这些成就故事展示出应聘者的个人能力，并能对应目标岗位的需求，这个就是自我介绍。

### 二、无领导小组讨论

(一) 类型

无领导小组讨论就是通过大家的讨论或者是动手操作来完成一个共同的任务。常见的类型有：开放式、两难式、排序选择类、资源争夺类、实际操作类等讨论类型。总的来说，其目标就是通过一个集体的讨论得到小组的一致结果。

(二) 角色

无领导小组讨论中主要有六种角色：①破冰者，打破僵局，第一个说话的人；②领导者，总揽全局，引导讨论往有效的方向发展；③观点者，每一个应聘者都应该是一个好的观点者，都需要去发表自己的意见和态度，要善于提出有深度的想法和问题；④协调者：当发生观点冲突时，协调双方意见，注重整个话题的质量；⑤时间员：控制整场讨论的进度。在面试中，招聘人员只会告诉大家讨论的总时间，比如 20 分钟或 30 分钟，但是在这个时间之内，招聘人员是不会做任何干预的。时间郎的任务就是控制时间，把握讨论的节奏。所以，参加面试一定要带上手表，方便把控时间。⑥总结员：对整场讨论结果进行总结汇报。

当然，并不是每个应聘者只能选择一种角色，也可以选择几种角色。良好的讨论一定是成员之间能够相互协调和补位。

(三) 要点

无领导小组讨论主要考核的是应聘者是否有组织协调能力、口头表达能力、思辨说服能力以及团队合作能力。招聘人员会观察应聘者的反应是否灵敏、概括是否准确、发言是否主动以及情绪是否稳定。特别需要注意的是，讨论不是辩论，应聘者要充分发表自己的观点，同时也要学会尊重和倾听他人意见。自信、进取、倾听他人以及尊重他人也是非常重要的考核部分。

(四) 案例

有一个无领导小组讨论题目如下：

大年三十晚上，A 市有多处发生火灾。A 市的消防大队已经派出多个消防编队，只剩下最后一辆消防车和最后一个消防编队。晚上十一点的时候，同时接到了两处火警，分别来自本市的监狱和医院。着火的监狱和医院都有大量的人群，火势在蔓延。如果你现在是这个火警调度的负责人，你会把唯一一个消防编队派往何处？

针对这样的一个问题，怎么在讨论中体现上述要点呢？

一定要有观点。无论选择哪一个，一定要就事论事，多讲客观事实，少带主观因素。也就是说，选择监狱或者医院，一定要有足够的论点支撑。比如说，选择去医院可能是因为医院通常会建在比较靠市区的地方，周围可能有大量人群；如果火势继续增大可能会影响周围的一些住宅；同时，医院里可能有大量的化学品，容易引起二次爆炸，等等。而选择去监狱，可能是因为监狱一般建在比较偏远的地方，正因为它比较偏，所以附近缺少可以来帮助救火的群众力量。这样的讨论是有价值、有意义的，它是基于客观事实的。

如何体现团队合作精神呢？比如，曾经有一组案例，五个应聘者中有 4

人都选择去医院，只有 1 人选择去监狱。大概讨论了 4~5 分钟，在每一个人都充分发表自己的意见之后，那位选择去监狱的应聘者说：虽然站在我个人的角度上，我还是会选择去监狱救火，但是今天因为我们是一个小组，是一个团队合作的形式，所以我暂时同意大家的意见，去医院救火。这就是一个很好的例子，既充分发表了自己的观点，又能够适时妥协，体现自己的团队合作精神。

### 三、结构化面试答题思路

#### （一）答题思路

对于结构化面试，这里给出三种常见类型问题的答题思路。要特别说明的是，以下答题思路并不是唯一标准的思路，只是给大家一个参考，可以用这样的思路去回答这些问题。应聘者如果有更好的思路去回答这些问题，当然也是可以的。

第一种：分析问题类。就是给一个案例去分析。这种类型的问题可以通过"是什么""为什么""怎么办"三个角度去回答。

第二种：组织计划类。比如招聘人员会问："我们这个企业马上要召开一个年会，如果你是组织者，你会怎么组织？"类似这样的问题，可以从事前、事中、事后三个维度去回答。事前制定计划、落实资金、宣传方案；事中严格按照预案推进，注意突发情况的处理；事后及时总结复盘，积累经验价值。

第三种：应变联想类。这一类的问题往往比较天马行空。回答思路同样是三个方面：首先，遇到这样的问题你的第一反应是什么？通常需要有一些发散性的思维。比如："如果让你跟十年前的自己说一句话，你会说什么？"有些人的第一反应是：我会让他好好学习，我会让他珍惜当下；另外一些人可能会说：快去买彩票，去买房买楼。这些都是第一反应，直接说出来没有问题。其次，说完后应该马上去思考，这个反应背后说明了什么？显然，大家所说的所有的这些内容，其实都是希望通过改变过去来改变当下的自己，让当下的自己过得更好。所以这个第一反应的背后就是：我希望我变得更好。再者，要去思考的是，其实我们是没有办法改变过去的，所以我们真正应该做的是通过改变当下的自己，让未来的生活变得更美好。综上，应变联想类问题的答题思路为：首先是第一反应，然后去思考这个反应背后是什么，最后做一个价值的总结和升华。

当然，这里仅仅总结了三种结构化面试问题的答题思路，真实面试中会有各种各样的问题，难以一一列举。通过上述分析可以发现，分点的思想很适合用来解决结构化面试问题，应聘者在平时应多加练习，在分析问题时，可以先把思路整理成三个小点，用分点叙述的方式来回答，从而使回答更具逻辑性。

## (二) 举例说明

光电专业本科生小 Z 参加江苏省选调生招聘的经历如下。

### 1. 总体情况

选调生招聘一般会有三个环节：笔试、面试、综合考察，每个环节是否有差额，根据地域的不同会有不同的安排。笔试后会发布一个进入面试的名单，之后会在 7～20 天左右的时间内安排面试，面试通过后会进行综合考察。

小 Z 参加的江苏省选调也是这三轮：笔试、面试、综合考察，每轮都有差额。通过笔试后，江苏省给了小 Z 不到 10 天的时间准备面试，面试地点在南京。面试时首先在候考场等待，之后单独进入考场进行面试，现场有 10 位招聘人员及 2 位计时员，面试完直接离开考场。

### 2. 面试情况

流程：单面，结构化面试，一般是 3～5 道题（在准备室直接抽取题目，非现场提问），准备 5～7 分钟，陈述 10～15 分钟。

小 Z 回答问题时被突然打断，临时加了一个问题。这种情况是存在的，具体视省份、年份、选调层次而定，是否提前通知题目数量、准备时长等也视情况而定。小 Z 当初是到了考场准备室才知道具体情况。

题型：一般有七八种，情景模拟、漫画解析、寓言解析、方案设计等。

题目及回答：小 Z 当时抽到 3 个问题。在准备的过程中针对每个问题先把思路整理成三个小点，并加上小标题，再在每个小标题下作进一步展开叙述。这样的回答方式就会凸显小 Z 逻辑清晰、善于总结归纳的特质。这里列举两个问题及小 Z 设计的小标题。

问题 1：请设计一个政府监督管理机制的方案。小 Z 设计的三个小标题分别为"做好留声机""做好随身听""做好显微镜"，用这样三个词组去概括整个方案，然后在此基础上展开具体方案的设计。

问题 2：请设计村里公告示牌张贴的具体内容。小 Z 设计的三个小标题分别为"做村民生活的博物馆""做村民心情的加油站""做村民身边的万事通"，然后分别具体阐述每个小标题下可以做些什么。

3. 印象深刻的部分

据小Z回忆，面试的时候是10个招聘人员面试一个人，旁边还有2个计时员，现场的压迫感还是非常强的，很多考生都感觉很紧张。但是小Z却不怎么担心自己的面试，因为小Z平时就做了充分的积累，每周针对一个时事热点问题进行一次深刻的剖析，并把思路凝练成小标题，这为他上考场不紧张奠定了基础，整场面试回答自若，结果也很好。

小Z认为，备考比考试本身更让他印象深刻。他在参加选调生面试期间同时要为毕业设计做准备，所以实际能用于面试准备的时间很有限。因此，做好平时的积累非常重要，考前多熟悉和练习一些历年的面试真题也很有帮助。

## 四、面试前一定要准备的问题

应聘者在面试前一定要准备下面两个问题，这两个问题都是面试中特别常见的问题。

### (一) 最××的经历

这里，"××"是一个形容词，比如最成功的经历、最失败的经历、印象最深刻的经历等。应聘者要准备各种不同的经历，这些经历可以是成就故事，也可以是对个人价值观产生重要影响的一些故事。这些故事能够体现应聘者的能力和价值观。当然，招聘人员可能不一定直接问这个问题，而是把这个问题转换为另一个问题，比如："请你举一个例子来证明你是适合我们这个岗位的。"这其实也是在问个人经历，所以个人经历是一定要准备的。

### (二) 自己的优缺点

在面试前，应聘者一定要好好思考自己的优缺点，至少准备三个优点和三个缺点，优点最好能很好地契合应聘的岗位，缺点千万不能是对目标岗位有严重伤害的。

## 结束语

面试不是考试，比的不是最好，而是最合适。在面试准备阶段和正式面试阶段，我们都要做到战略上蔑视、战术上重视，也就是说，对于面试这件事，同学们要有必胜的信心和决心；但是对于面试的整个过程包括准备阶段，同学们要认真地对待。面试不仅是临场反应，更是经过充分准备和反复训练后的一场"表演"，同学们都应该努力成为面试中的主导者。

### 推荐阅读

1. 文章：十个"灵魂级别"的面试指南。
2. 文章：线上面试求职难，毕业生：我该怎么办？
3. 文章：都说知己知彼，但是企业内部招聘和用人逻辑，你真的了解么？

### 思考题

1. 面试技能是可以训练的，你认为有哪些方法可以提升自己的面试能力？
2. 请站在招聘人员的角度，给自己的简历和自我介绍提问。

# 第八章 理性做职业决策

有志者事竟成。

——《后汉书·耿列传》

### 学习目标

❖ 了解自己的决策风格和影响决策的主要因素。
❖ 学习科学的职业决策模型。
❖ 提高"乌卡（VUCA）时代"的自我决策能力。

回想过往自身的学习、生活过程，同学们一定面临过无数的选择，对决策并不陌生。比如，高考报志愿应该是同学们人生中遇到过的比较重大的决策了。但是当需要对自己未来的人生发展方向、具体职业岗位做出选择时，很多同学还是会出现陌生感和茫然不知所措的第一反应。造成我们决策困难的因素到底是什么？如何才能快速进行科学决策？

首先，请同学们思考几个问题：

(1) 你选择目前专业的原因是什么？
(2) 入学后，你选择加入第一个社团的理由是什么？
(3) 专业课程之外你选择了哪些课程？你选择它的原因是什么？

这些选择，是你深入思考后作出的，还是只是因为一些简单原因，或者甚至是一时心血来潮作的判断？如果是前者，要为你鼓掌，你很优秀。如果是后者，也别紧张，因为绝大多数同学都和你一样。我们要明白，所有的选择都没有最优解，我们要追求的永远不是"最完美"和"零风险"，而是在朝着自己选择的道路前进时，能够时刻根据外部世界的信息和反馈，不断修正自己的下一次选择。

本章主要包含三个方面的内容：首先，介绍不同决策类型的表现和造成决策困难的主要因素，帮助同学们了解自己的决策风格和阻碍自己进行决策的因素；其次，详细介绍职业决策的模型（CASVE循环），帮助同学们了解科学决策的详细步骤；再次，通过一些实例，帮助大家了解如何在难于获取全面信息的VUCA时代进行科学决策。

## ▶ 第一节  了解自我决策风格

生活中决策无处不在，小到每日吃穿住行，大到高考志愿填报、未来职业发展，等等。每个人都会处于决策的中心，面对选择，要做出决定。不同的个体对不同类型的决策会有不同的反应。当前大家处在一个信息大爆炸的时代，各领域的发展变化速度很快，不确定性大大增加。因此，大学生更加需要了解可能面对的决策类型以及决策时可能出现的反映情况。

### 一、决策类型

决策大致可以分为三类。第一类，确定无疑的决定，也就是说你的选择和结果是清楚明白的，就好比早上选择是否吃早餐一样。对于这类决策，大家一般会比较轻松对待。第二类，有一定风险的决定，也就是说，我们选择完以后并不能完全确定会是什么样的结果，只是有一个预期。比如，很多同学们在大三阶段都会遇到生涯发展方向的选择，是国内读研，还是出国深造，抑或是直接就业？到底哪个好，一个人在10年、20年后的发展，任谁都难以准确预测。就像2020年以来受新冠肺炎疫情等外围大环境的影响，很多出国深造的同学无法按期入学，这在一定程度上也增加了这些同学的时间成本。面对这类决策，人们通常比较容易纠结。第三类，完全不确定的决定，就好比买彩票，或者完全不懂股票的人去炒股。在这种情况下，结果往往只是概率问题。通常我们会建议大家不要做这类决策，至少先去攻略下，把第三类决策先转变为第二类决策。

在现实生活中，同学们遇到的比较有意义、需要积极面对的往往是有一定风险和选择难度的第二类决策。

## 二、决策风格

在现实生活中，不同的人面对决策会出现不同的方式予以应对，也就是我们所说的决策风格不尽相同。研究者丁克里奇（Dinklage，1966）在总结归纳的基础上，提出了8种决策模式。

(1) 痛苦型（agonizing）：会花很多的时间和精力来确认有哪些选择，收集信息、反复比较，却难以做出决定。出现这种情况，即便收集再多信息也无济于事，需要弄清楚是否被一些非理性信念或情绪困扰，比如，害怕做出错误决定或是过于追求完美等。

(2) 冲动型（impulsive）：与"痛苦型"相反，遇到第一个选择就紧紧抓住不放，不再考虑其他的选择，放弃进一步收集信息。冲动决策很有可能是出于对困难的回避，不愿意花时间精力去探索，而这种决策方式的危险在于风险太大，等看到有更好的选择时自然追悔莫及。

(3) 直觉型（intuitive）：因为对自己直觉的充分信任，只凭对选项的第一感觉，快速做出决定。直觉在人们对环境情况无法获得充分信息的时候会比较有效，但它有可能不符合事实，有时候可能会因自身先入为主的偏见而产生较大误差。因而，不能仅仅将直觉作为决策依据。

(4) 拖延型（delaying）：习惯将问题的思考和行动都往后推延，拖延型的人心中往往暗暗抱有这样的希望，也许事情过几天就自动解决了，借此回避问题。而实际上，随着时间的推延，事情很可能越拖越严重，甚至错失了先机，结果往往事与愿违。

(5) 宿命型（fatalistive）：决策者不愿意承担选择带来的风险责任，全权交由外部形势来决定，认为一切都命中注定。当一个人将自己的生活主导权交给外界环境时，可以预见这个人很容易觉得无力和无助，容易成为环境的"受害者"，怨天尤人。

(6) 顺从型（compliant）：倾向于顺从别人的机会，不大有自己的主见，容易随大流，或者听从父母等长辈的安排。可以说，从众的人固然在追随群体的过程中获得了一种虚假的安全感，但却忽略了自身的独特性，造成很多时候的选择并不适合自己。

(7)瘫痪型(paralytic)：面对选择手足无措，无法真正去做出决定，也无法承担决策后的责任。这种情况很可能源于家庭在其成长过程中长期的不当养育方式。

(8)计划型(planful)：对出现的选项通过客观的分析、比较等思考，作出合适自己的决定，也能为自己的选择认真执行并愿意承担后续的责任，这是一种基于信息基础，系统且理性的决策模式。

以上8种决策模式，按照对自我和环境获知信息情况可以分别归类到四个类型(见表8-1)。这里特别强调的是系统理性决策，是基于对自我和选项环境都有一个比较全面客观的认识，做出相对系统理性的决策，对应的决策模式是计划型。现实生活中，当同学们在遇到第二类有一定风险的决策时，尽量做到知己知彼，用计划型的决策模式进行客观分析和比较，充分考虑可能的结果后有序地给予应对。

表8-1 决策模式

| 项目 | | 自己 | |
| --- | --- | --- | --- |
| | | 未知 | 已知 |
| 环境 | 未知 | 犹豫和拖延性决策<br>痛苦型、拖延型、瘫痪型 | 直觉性决策<br>冲动型、直觉型 |
| | 已知 | 依赖性决策<br>宿命型、顺从型 | 系统理性决策<br>计划型 |

### 三、职业决策及困难因素

从广义概念上理解，与未来职业发展有关的决策都可以统称为职业决策。例如，高中生遇到的高考科目选考、高考志愿填报，本科生遇到的主修专业确认、毕业去向选择，即使毕业后成为职场人，也还会遇到是否跳槽、换岗位的选择。可以说，职业决策是每个人成长发展过程中都会遇到的，而且与未来生活息息相关，具有不确定性和风险性。

职业决策到底难在哪里？以色列心理学家盖提(Gati)和美国心理学家奥西普(Osipow)研发职业决策困难问卷时，对决策困难进行了分类，如图8-1所示。

# 第八章 理性做职业决策

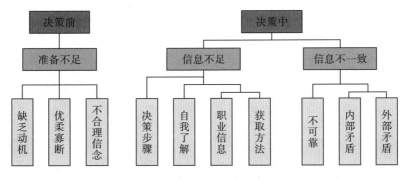

图 8-1 职业困难因素

决策困难按照时间维度可以分为决策前和决策中两类，按产生原因分为准备不足、信息不足、信息不一致三类，分别对应有十个困难因素，正是这些因素影响或阻碍了决策的推进。

(1)决策前的困难，主要来源于准备不足。首先是决策者本人缺乏主动决策动机，很多时候是拖延和依赖的因素导致；其次是决策者优柔寡断的性格特质，虽然有很多资讯却不能抓住问题的核心，常常还会伴随着对失败和承诺的恐惧及退缩；还有就是决策者固守的一些不合理信念，阻碍了现实的决策，比如，"我要选到最好的工作""要让我的家人、亲戚朋友都满意"，等等。

(2)决策过程中的困难，主要来源于两大方面，信息不足和信息不一致。在信息不足方面，主要是对自我认知信息和职业信息的了解不够，以及对相关信息的获取途径、方法把握不到位，尤其是在校学生对职场信息不善于获取；还有就是对获取的信息不懂得如何加以应用，无法很好地利用决策步骤指导自己有效开展决策。在获取的信息不一致方面，首先，决策对象的信息本身存在变化性，例如，2020年开始受全球性新冠肺炎疫情影响，大学生海外深造这一事件本身就存在很大变数；而且从不同途径获得的职业信息很可能也不一致，需要决策者先进行甄别。其次，获得的信息与自身内在原有信息不一致，或者是外部本身就有矛盾，比如，基于对一些职业和行业的认知，你觉得当下的热门行业可能已经开始走下坡路了，这些都会让决策变得更为困难。

了解并理解决策困难的各方面因素，有助于同学们在面临职业决策问题的时候，可以通过对职业决策困难因素的分析，快速有效地帮助自己定位到底是在哪个环节出现了问题，以便后续有针对性地予以解决。

## 四、认知信息加工理论

职业决策环节困难多多,该如何做好准备和具体应对?此处重点向大家介绍"认知信息加工理论"。这是美国佛罗里达州立大学的老师们研究创立的,其核心是认知信息加工金字塔模型,如图 8-2 所示。

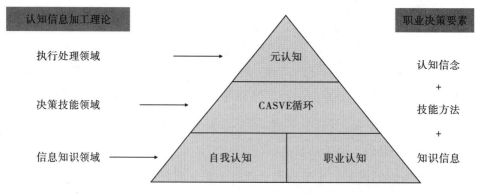

图 8-2 认知信息加工金字塔模型

认知信息加工金字塔模型:由皮特森(Peterson)、辛普森(Sampson)以及瑞顿(Reardon)三位教授提出,他们把信息处理分为三个领域,即底层的知识领域,中间层的决策领域,以及最高层的元认知领域。

最底层的知识领域,主要包括对于自我的认知和对于职业环境的认知。对于自我的认知涉及自己的性格、兴趣、能力和价值观;职业环境的认知涉及职业信息、职场环境、教育与培训信息等。这两大类的信息处在金字塔的最底层,是其他两个领域进行信息处理和决策以及反思的基础,有关信息知识领域的内容已在前面的章节中进行了详细的介绍。

中间层的决策技能领域,主要是指一个人进行决策的依据与方式,三位教授提出了一个理性的决策模型,被称为"CASVE 循环",即按照沟通—分析—整合—评估—执行(Communication—Analysis—Synthesis—Valuing—Execution)五个步骤进行决策。三位教授强调决策过程的理性与结构性,希望通过一套结构化的决策方法来消化吸收底层知识领域所传递的信息,进而能够做出理性的决策。决策技能属于后天可以习得的,这也就意味着高效的决策者是可以训练出来的。

最高层的执行处理领域,是认知信息加工金字塔模型的关键,通常也称为元认知,是反映或调节认知活动的任一方面的知识或认知活动,简单地讲,就是对于认知的认知。在这一领域，个体所要面对的是挑战自己的认知过程，挑战自己的负面思考，挑战自己的决策过程。对于元认知的理解的确有些复杂，涉及人的思维模式、宏观调控并影响决策的整个过程，在一定程度上决定了决策的质量。

职业决策困难，很多时候是由于决策者自身最核心的内在认知层面出现了问题。表8-2中罗列了一些常见的非理性认知信念。当认知信念出现偏差或是错误的时候，很多对信息的处理、对决策技能方法的把握都有可能出问题。比如，决策者认为"职业决策难，'难于上青天'，不敢去尝试"；或者"职业决策一旦决定会影响人的一辈子，怕决策失败，而一直犹豫不决"。殊不知，决策本身也是需要在不断探索尝试中逐步完善和提升的。

表8-2 常见的非理性认知信念

| 类别 | 非理性认知信念 |
| --- | --- |
| 自我认知 | 我必须要得到他人的认可 |
| | 我不知道自己该干什么，我真没用 |
| | 我无法从事任何与我本身能力、专长不符合的工作 |
| | 只要我愿意去做，我就能做任何事 |
| | 我觉得自己没有资格或能力从事一份更好的职业 |
| 职业认知 | 我所做的工作应该满足我对工作的所有要求 |
| | 找工作就像谈恋爱，只有一种职业真正适合我，我要设法把它找出来 |
| | 这个行业不适合男生或女生 |
| | 专业工作所要求的条件非常苛刻 |
| 决策 | 这个世界变化太快了，计划未来是不可能的 |
| | 我可以凭直觉找到最适合我的职业 |
| | 总有专家或比我懂得更多的人，可以为我找到最好的职业 |
| | 在我采取行动之前，我必须有绝对的把握 |
| | 如果我改变了原有决定，那就意味着我失败了 |
| | 一旦作出了职业选择，就很难再改了 |
| | 只有做到我想做的，我才会感到快乐 |
| | 只有找到最佳的职业，否则我不会感到满意 |

作为未来独立决策主体的大学生，首先要学会做好内心建设，从心理学层面上，引导自己不断反思对事物本身和事件处理的认知，通过自我净化、

自我完善、自我革新和自我提高来不断提升元认知技能。拥有合理、理性的认知才能在思考中不断明确自我方向，不断提供自我内驱力，勇于迎接挑战，解决问题，并有效推进职业决策。

## 第二节　掌握理性决策模型

职业决策是个体在职业选择和发展过程中作抉择的活动。职业决策往往涉及个体的重大决策，为了减少风险，提升决策的合理性、有效性，通常会运用一些决策技能。本节重点介绍理性决策模型 CASVE 循环，由沟通—分析—综合—评估—执行五个步骤组成，如图 8-3 所示。该决策模型技能的学习和运用可以帮助决策者有计划地系统理性思考，从而提高决策质量。

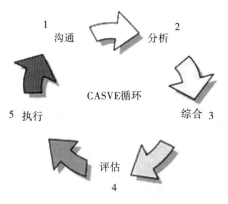

图 8-3　CASVE 循环决策模型

### 一、沟通

沟通，是指既有来自内在的，也有来自外部的信息，让我们意识到现状与职业理想之间有差距，认清问题的存在，从而启动决策的第一步。

在沟通环节，最重要的是判断澄清现在遇到的问题是否属于决策范畴的问题。

(1)决策者是否真正具有选择的自主权。以同学们比较关注的转专业为例，有部分同学属于提前批录取，进入大学后的转专业会受到前置条件约束。如果前置条件不满足，即意味着实际没有决策权。此时，同学们能做的不是选择，而是适应。根据现有的实际情况尽可能寻求突破前置条件的限制，拓展新的转变可能性，让自己成为具有真正自主选择权的决策者。通过第一章的学习，大家已经可以正确地看待专业与职业的关系，理解"爱我所选"与"选我所爱"的关系。

(2)决策对应的目标选项是否真实存在。同样以转专业为例，在第二次主修专业确认时，一些热门专业只预留了少量名额而且有很高的门槛条件。那么，同学们将此目标作为决策选项时，需要提前做好准备，比如课程绩点、相关专业的前置知识储备等，至少让这个目标选项变得真实可选，而非虚拟存在。

因此，通过沟通环节，可以判断澄清是否真的遇到决策问题，确实在决策者可决策范畴的，就用决策模型技能应对处理，若非决策问题，则需调整心态，通过实际行动，积极应对和适应。

## 二、分析

分析，通常是在人们明确需要决策的问题之后，基于收集到的信息，尽可能地对选项进行分析。在这个阶段，一般是基于对自我认知和职业认知基础上，将相关信息联系起来进行研究分析，包括把国家、家庭和个人生活的需要融入职业选择中，需要决策者花时间去思考和研究。

在分析的过程中，经常会有很多相关联系信息出现在面前，容易干扰自己的分析评判能力，这个时候最需要做的是"自我澄清"，即明确自己内心对目标的定位，可以问问自己"我到底想要什么"或者"我想要成为什么样的人"，来帮助自己把准分析的关键点。

有关目标定位的方法，常用的是测评提示，即通过正式或非正式测评的结果来获得；其次是榜样参照，通过自己所崇拜人物的闪光点，挖掘出自己所期待的特质；还有是通过反向推理、他人观点、撰写墓志铭等方式进行梳理。通过多种途径的信息采集，强化对个人目标特质的把握，能够让我们更加清晰自己内心到底想要的是什么，让目标成为衡量选项的一把尺子。

## 三、综合

综合，在分析的基础上，个人形成可能的解决方法并进一步收集相关信息，确认自己的选择。期间会经历放大、缩小选项的过程，从而形成适当数量的选项。

选项"放大"过程，是基于目标定位，在现有选项的基础上，考虑还有没有其他拓展的可能性。有时人容易将自己局限在固有范围内，此时特别需要头脑风暴，不光是自己，还可以邀请老师、学长、同学、家人等帮助一起拓展思路。在此过程中，作为决策者一定要主动沟通拓展，为自己创造更多选择机会。

选项"缩小"过程，是要有意识地主动删除干扰项。从心理学角度分析，并非选择越多越好选，我们需要适当删减一些与主要目标无紧密关系的干扰选项来提高我们决策的效率。最终形成适当数量的可选项，通常来说，每次决策选项最好是在 3 个左右，因为人头脑中最有效的记忆和工作容量就是这个数目。

## 四、评估

评估，是对前面形成的意向选项进行排序。评估的标准主要涉及两个维度，一是满意度，可以从选项能带来的价值考虑，包括精神价值和物质价值，以及可能带来的未来变化情况考虑，包括正向或是负向的变化、变化的程度等；二是可行性，选项可能会遇到哪些挑战，面对这些挑战，决策者有无相应的应对策略等。

评估环节最常用的方法是决策平衡单法，把选项以及我们需要考虑评估的指标罗列出来，进行比较；做得再细致些，可以对每个指标赋权重（通常采用 1~5 分制）并打分（通常采用 1~10 分制，并标注正向还是负向），然后计算加权分数，用量化的方式来辅助指导决策。

特别需要提醒的是，决策有风险，即便现在选择了认为最佳的选项，也可能发生非预期效果。此时，需要强化评估后的自我反问，如果后续出现了最差的结果，我是否能接受？如果现在放弃，是遗憾还是后悔？假设这类问题我们提前都思考过，也做好了应对的准备，那么就可以进入到下一个环节。

## 五、执行

执行，就是采取有效行动来解决问题。

职业决策环节的行动实际包括了多个层面和维度的理解。最为直接的"执行"含义是在选择确定后根据选择的结果制定行动计划，通常是按照科学的时间管理将可能预料到的事情，有条不紊地规划安排起来，推进实施；延伸出去的"执行"，则隐含着三个层面的行动。第一种是在选择的过程中，适时改善我们的元认知;第二种是在选择的过程中,及时增补信息的收集;第三种是面对选择的结果,虽然有些不是预想的,而此时的我们需要调整心态,消除焦虑的情绪,用主动行动来应对问题。

决策的本身就是一个及时采取行动的过程,也正因为行动使得决策成为一个可循环的过程。当我们通过行动发现有关职业决策的问题仍然存在,那么又会进入新一轮的决策循环中,直到解决当下的问题,或者是达到一种新的平衡,即自我内心需求和外在环境之间的平衡。

## 第三节 提升自我决策能力

当代的职业决策能力提升,会遇到很多复杂、模糊,甚至不确定、变化多等情况的挑战,需要决策者对决策环境有更为深刻和全面的理解,并把握职业决策的原则和注意事项。

### 一、VUCA 时代的有限理性决策和适应性决策

当今时代已经进入一个快速变化的时代,信息的不确定性和模糊性越来越明显。相应地,也出现了一个描述时代特征的新术语——"VUCA",它指的是易变性(volatility)、不确定性(uncertainty)、复杂性(complexity)、模糊性(ambiguity)这四个英文单词的首字母缩写,音译为"乌卡"。

在 VUCA 时代背景下,决策者很难做到对信息的全面充分掌握,从而也难以做出完全理性的决策。美国著名管理学家和社会学家赫伯特·亚历山大·西蒙(Herbert Alexander Simon)提出了有限理性决策模式,是指决策者因受宏观环境不确定性和变动性等因素的影响,对未来作出判断的准确性总会被限制在一定的限度之内;同时,也受自身条件的限制,决策者充分利用信息的能力是有限的,对信息作出准确判断以及选择最优方案的概率也不为"1"。因此,需要清晰地认识到,日常学习工作和生活中,决策者的决策模式应该是有限理性而不是全知全能的理性决策。在有限理性决策模型理论指导下,我们应以"令人满意"的准则来取代"最优化"的准则,这也使得作职业决策时,我们不应再强调追求最佳结果,而是寻找符合要求和令人满意的结果。

此外,德国的心理学家歌德·吉仁泽(Gerd Gigerenzer)提出了适应性理

性的概念，进一步强调人的认知局限性是具有适应性的。当信息不完全时，可以运用现有科学的决策方法做出适应当前实际情况的决策，当新的信息出现时，决策者能够迅速去适应新信息，提高决策的灵活性和适应性。面对环境的变化和不确定因素，如果决策者不能及时进行适应性的调整——这种调整可能涉及决策的方式、过程，也可能是元认知、目标本身等，那么决策者遇到的困难和问题将是不可避免的。这就提示决策者要主观愿意且敢于、善于以快速的行动来应对出现的新情况，以达到"适应"的状态。从一定程度上理解，适应性决策其实是一种观念、思想和方法，这也更适合当今这个信息爆炸和快节奏、变幻莫测的社会。

## 二、职业决策基本原则

个体在进行职业决策过程中，涉及的决策方式、途径等都会因人而异，但合理有效的抉择在一些原则上还是有共同之处，这往往也是个体在选择合适自己的职业生涯中应该遵循的基本原则。

1. 个性化原则

每个人都是独一无二的个体，在职业决策过程中需要强调对自我的认知，唯有探寻到符合自己性格、能力、兴趣、价值观等特质需求的生涯设计，才是具有生命力和可持续性的。同学们可以有自己的偶像和对标对象，但切勿一味地效仿，因为在盲目的攀比和羡慕中容易迷失自我，而是要清楚地认识到，只有适合自己的才是最令人满意的。

2. 可操作性原则

职业决策的最终目的是帮助个体能够更好地实现个人发展目标。如果目标过大过空，没有实现的可能，只能徒增个体的烦恼，容易导致心理落差，而且也浪费了时间和精力，达不到职业规划的初衷和效果。因此，每个阶段的决策务必要切合实际，可操作、可落地、可实现。

## 三、决策技能应用案例分析

决策能力作为一种可迁移技能，在了解职业决策基本步骤、核心内容、基本原则后，关键还是需要通过大量的案例学习研究以及实践训练才能逐步提升。下面通过两个典型职业决策案例分析，帮助大家在实际场景中进一步理解和提升决策技能。

1. 运用目标来评估选项

**案例背景**：小王是一名工科大类A专业的大二学生，其所在学校为每位学生在大二前提供一次转专业的机会。在与家人的沟通中，他想把握住这个机会换到一个更好的专业。目前他准备申请跨类别转入工信大类的专业。从当前学校跨类转专业的招收容量看，C专业和D专业还有少量名额，其中C专业只有1个名额，D专业还有10个名额。C专业与其所在的工科A专业有一定的相关性，而D专业与A专业的相关性很小。他不知该如何选择，因此找老师咨询。

**咨询方案**：首先引导小王按照职业决策步骤，明确了小王犹豫不决的职业决策问题是二次专业确认，目前两个可以跨类转的专业选项比较清楚，均为真实存在。由于信息量比较丰富，咨询师要协助小王进一步明确个人目标，这样才能有效进行选项的比较。于是咨询师向小王提出了三个问题：①自我职业生涯发展的目标定位是怎样的？②选项与目标之间的差异可协调吗？③最差的结果愿意面对吗？

**过程分析**：在与咨询师的交流中，小王开始意识到自己的未来目标是想成为一名像自己的班主任一样的高校专业教师，既有专业之长能开展科研和社会服务工作，又能教育引导学生。在此基础上，咨询师运用生涯决策平衡单法，按照两个维度（满意度、可行性），四个考量因素（价值、未来前景、面临挑战、应对举措），对小王现专业和两个拟转入专业进行了比较分析，结果见表8-3。

表8-3 决策平衡单 I

| 类型<br>选项 | 满意度 | | 可行性 | |
| --- | --- | --- | --- | --- |
| | 意义/价值 | 未来 | 挑战 | 应对举措 |
| A专业 | 传统工科专业，基本满足自己对职业的需求 | 成绩较好，争取本专业推免，继续深造 | 自我适应，找寻专业的热点前沿研究方向 | 调整心态，发挥好现有学业成绩优势 |
| C专业 | 与面有专业有一定相关性，就业形势很好 | 热门专业，发展前景好，未来机会多 | 只有1个名额，转入成功概率很小 | 需要补修部分课程，努力提升绩点排名 |
| D专业 | 与现有专业相关性不大，未来就业形势好 | 较热门专业，发展前景好，未来机会多 | 转入成功概率大，但与现专业学习有差异 | 需要补修较多课程，提升绩点排名 |

从满意度角度分析，C 专业是小王最为满意的，D 专业其次，A 专业还算基本满意；从可行性角度分析，转入 C 专业的可能性不大，转入 C 专业的可能性较大，但后续面临着适应新专业，补学一部分课程，需要面对绩点下调学业排名靠后等问题。再从其目标定位分析，高校专业教师的职业生涯发展对就业市场专业的热门冷门依赖度较低。因此，在咨询师的建议下，小王找到 A 专业的学长和老师访谈，进一步了解并发现 A 专业还是有一些新的发展方向，最重要的是现在自身已有较好的学业基础，只要调整好心态，就能有机会更好地成长。之前可能受父母影响，自己也希望把握转专业机会，想转到更热门的专业。其实，能转入热门专业固然好，但前提是这个热门专业适合自己。经过慎重考虑，小王最终放弃了这次转专业的机会。

2. 理智与情感的较量

案例背景：小张是工科大类的一名大四男生，家在江浙一带，毕业时他顺利拿到了长三角区域一家知名企业提供的技术岗位的录用通知。与此同时，他也参加了西部地区某省的选调生选拔，并获得了 1∶1 政审考察的机会。他不确定最后该如何抉择，内心非常纠结，因此找老师咨询。

咨询方案：按照职业决策步骤，首先明确了小张已经形成了两个比较明确的职业选项，而且这两个选项的差异性比较大。目前需要协助小张进一步澄清个人目标，并对这两个选项进行择优排序。

过程分析：在沟通中，咨询师获悉，小张申请知名企业技术岗是毕业季初期跟风班里大多数同学一起去求职，最终他很幸运地拿到了录用通知，而且公司提供的岗位适合他在专业方向的发展，薪资待遇也不错，工作地点在老家附近，家人比较支持；而之所以竞聘西部某省的选调生，是因为之前听过选调学长的经验分享，感觉选调生一直是自己比较憧憬的岗位。对于未来的目标定位，他表示只要能在社会上贡献出自我价值就好。如果从这个角度分析，现有的两个职业选项都能满足他的需求。于是在此基础上，咨询师引导小张运用决策平衡单法，先罗列出自己在满意度和可行性方面的主要考虑因素，再针对这些要素逐一赋权重和打分，结果列于表 8-4 中。

## 第八章 理性做职业决策

表 8-4 决策平衡单 Ⅱ

| 考虑因素 \ 选择项目 | 轻重(1-5) | 选择一 知名企业技术岗位 | | 选择二 西部某省选调生 | |
|---|---|---|---|---|---|
| 选项满意度方面 | | +加权分 | -加权分 | +加权分 | -加权分 |
| 1.个人收入 | 2 | 4（+8） | | 1（+2） | |
| 2.健康状况 | 3 | | 2（-6） | | 1（-3） |
| 3.休闲时间 | 1 | 2（+2） | | | 1（-1） |
| 4.所学应用 | 3 | 3（+9） | | 2（+6） | |
| 5.个人成熟感 | 5 | 2（+10） | | 4（+20） | |
| 6.未来发展 | 4 | 2（+8） | | 3（+12） | |
| 7.社交范围 | 3 | 1（+3） | | 3（+9） | |
| 8.社会认可度 | 5 | 2（+10） | | 4（+20） | |
| 选项可行性方面 | | | | | |
| 9.生活方式适应性 | 2 | 3（+6） | | | 2（-4） |
| 10.工作环境适应性 | 3 | 3（+9） | | | 2（-6） |
| 11.富有挑战性 | 5 | 2（+10） | | 4（+20） | |
| 12.家人支持 | 3 | 3（+9） | | | 1（-3） |
| 13.男/女朋友支持 | 2 | 2（+4） | | 2（+4） | |
| | | 82 | | 76 | |

小张得出了两个选项的总数：知名企业技术岗是 82 分，西部某省选调生是 76 分。咨询师很快发现了小张的表情变化，尽管分值已经比较出来，但他并没有预料中的开心，反而有些迟疑。这也意味着理性计算出来的分值与内心的感性天平出现了不一致。

咨询师向小张提出三个问题：①为什么比较分值出来后并没有预想中的开心？②如何权衡理智与情感？③有无具体行动计划和困难应对措施？咨询师协助其分析决策平衡单，指出其权重最高的核心价值体现（个人成就感、社会认可度、富有挑战性）在两个选项之间分值的比较，以及针对负向的考虑因素，有无通过实际行动来克服的可能性？此时的小张突然又来了劲头，憧憬着自己如何应对西部工作和生活中可能出现的问题，包括如何与父母沟通获得他们的理解支持等。可见，使用决策平衡单并不是一定要同学们依据选项的分值高低来作出决定，而是可以帮助我们在思考的过程中更好地进行自我反思并发现和澄清问题，在理性与情感权衡中寻找更加符合内心需要的答案。

## 拓展阅读

### 人生下半场，拼的是决策力

孙瑞希：生涯咨询师，个人成长教练，今日头条签约作者。经历过从一线员工到高管的职业发展经历，具有十余年招聘人员从业经验，专注分享实用的成长干货，代表性著作《刻意成长：如何掌控人生主动权》。

一、决策力，才是拉开人与人之间差距的关键

如果从选择大学和专业算起的话，人的一生大约会面对几次关键选择。选择第一份工作决定你初步的格局；选择伴侣决定你一半的人生；选择职业路径决定你未来的发展路线……所以，随着时光的流逝，我们会发现，拉开人与人之间差距的，往往是关键时刻的选择。

我做一对一生涯咨询，经常会遇到这样的来访者："老师，我是要体制内稳定的工作还是去高薪的民企？""我该考研、出国还是就业？""我该去北上广闯一闯还是回到安逸的老家？"……人们在人生的关键时刻难以做出选择，其根本原因就是决策力的缺失。

人们在一些重大选择上的准确判断、快速反应，体现了一个人决策力的高低，而决策能力是拉开人与人之间差距的关键。

二、影响决策力的心智模式

影响人们决策的，是很多错误的心智模式。

1. 风险厌恶模式

任何一次职业选择，都是不断权衡利弊，做出取舍的结果。这也就意味着，每一次选择都有风险。但很多人只想要职业收益，不想承担任何风险。我有一个来访者，在一家商业银行上班，但他仍然缺乏安全感，觉得公务员要比银行的岗位稳定。当他考取公务员，发现公务员薪酬福利没有银行好，他开始纠结不已。他既想要银行的高薪，又想要公务员的稳定，只有百分之百地规避风险才能让他感觉到有安全感，但这显然是不现实的。这个世界上从来就没有百分之百的安全感。追求百分之百安全感的人，要么墨守成规不敢求变，要么在纠结中永远不做决策和选择，而无论哪一种决定，都意味着要付出更大的代价。

2. 依赖模式

我经常会遇到这样的来访者，他们往往对生涯咨询的过程不大关注，而

是想马上拿到结果。他们会在问题陈述完了之后问："老师，如果你是我，你会怎么选？"这其实是一种依赖模式，当他们把自己的人生选择交出去的时候，意味着他们不用做出思考和决策，同时也不用承担相应的责任和风险。每个人的价值观都是不同的，所以选择肯定是不同的。对于自己的人生选择，没有人能代替你做决策。如果把人生比作一幅画的话，你的人生蓝图，你交给别人来涂抹，你觉得那会是自己想要的生活吗？只有一步一步澄清了内心深处的渴望与偏好，才能做出理性的决策。

3. 逃避模式

一些大学生朋友经常会问我："老师，找工作挺难的，我要不要考研？"一些职场人士经常会问我："与领导、同事不合，要不要换份工作？"实际上，要不要考研，这需要看你未来的就业方向是不是需要更高的学历；而要不要换份工作，这需要看换工作是否符合你未来的职业发展预期。而很多人做出选择的原因不是为了获得更好的职业发展机会，而是为了逃避现实。这种决策往往会让自己从一个坑跳到另外一个坑，并不能从根本上解决问题。

三、有效提升决策水平

我梳理了一下自己做的生涯咨询及教练个案，发现那些取得较好职业成就的人，往往具有很强的决策能力。这其实很容易理解，人生本来就是在不断地做决策。那些关键节点的正确选择，一点点叠加出今天的职业高度。那么在做职业选择时，如何才能提高决策水平呢？

可以运用"三维分析"：即正向思维、逆向思维和综合思维，对问题进行分析并做出决策。①正向思维：主要指正面的、积极的东西，比如，优势、机会、好处；②逆向思维：主要指负面的、消极的东西，比如：劣势、威胁、坏处；③综合思维：主要指结合正向思维、逆向思维的结果，进行全方位的系统性思考，最终做出决策的过程。

举个例子，我的客户老刘的女儿小刘在美国读书。本科毕业后，她收到了某知名企业的录用通知书，办公地点在纽约的帝国大厦。对于这个工作机会，我和小刘通过视频，一起做了"三维分析"。小刘的工作机会是担任编辑，收入尚可，作为刚毕业的新人，能够在全球化的大公司工作，对于提升视野和学习知识来说，是非常不错的选择，这个过程就是正向思维。但是，编辑属于辅助岗位，编辑所属的部门在总部也属于辅助部门。这就意味着小刘如果一直在编辑这条线上的话，即便今后有机会晋升，也不能接触到公司的核心业务。这并不符合她对未来职业发展的预期，这个过程其实就是逆向思维。经过综合分析，小刘考虑到自己接下来的发展重心并不是谋到一个好的职位，而是考取研究生。那么在读研究生之前，能够有机会在大公司工作，了解职场，也是个不错的选择，所以最终她接受了那份工作。这个过程就是综合思维过程。

一个人决策能力强，往往意味着他对自己、对外界的环境和机遇、对于职业的相关信息以及对自己的职业发展目标都有非常强的认知能力。这时候他根据"三维分析"做出的决策，每一步都是指向自己的职业发展目标。

36氪创始人刘成城在接受《我是创业者》的采访中曾经说过："时间是我交过的最贵的学费，而决策力是普通人和创业者的核心区别。"

实际上决策力不仅是普通人和创业者的核心区别，但凡有点职业成就的人，他首先必须是一个决策力强的人。因为在职业发展的过程中，特别是在信息过载的今天，我们所做的决策的频率和密度都是非常高的。

所以，掌握决策的方法和技能，并不断地加以应用，你能对生活中的种种选择做出理智的决策。而你最终能成为什么样的人，都是一个又一个决策叠加的结果。

——摘选自孙瑞希原创博文《人生下半场，拼的是决策力：
3个行动步骤，有效提升决策水平》

## 思考题

1. 在过往的生涯发展过程中，你对自己的决策力评价如何？
2. 通过本章的学习，你掌握了哪些提升决策力的方法？

# 第九章 就业权益保护

本公约缔约各国承认工作权,包括人人应有机会凭其自由选择和接受的工作来谋生的权利,并将采取适当步骤来保障这一权利。

——《经济、社会及文化权利国际公约》

## 学习目标

❖ 了解就业权益涉及的相关法律法规。
❖ 识别求职、入职和离职三大环节中可能会遇到的侵权问题。
❖ 学习如何在签约和履行合同中保障自己的正当权益。

经过十数年寒窗苦读,我们或早或晚都是要结束学涯,进入职场,在自己的工作岗位上实现人生价值。但是就业过程很难一帆风顺,就业市场远比校园环境复杂,毕业生在求职、入职、离职这几个环节都可能遇到合法权益遭遇侵犯的问题,这些都属于就业权益保护的范畴。高校毕业生作为高学历的劳动者群体,必须学会在正当权益遭受侵害时,采用法律武器保障自身的合法权益。

就业是基本人权。所谓基本人权,是指维持一个人的固有尊严,像人一样活着所必需的权利,它带有不可剥夺性,一般会载入宪法进行保护。《中华人民共和国宪法》(以下简称《宪法》)第二章第四十二条指出:"中华人民共和国公民有劳动的权利和义务。国家通过各种途径,创造劳动就业条件,加强劳动保护,改善劳动条件,并在发展生产的基础上,提高劳动报酬和福利待遇。"2001年全国人大常委会批准的联合国《经济、社会及文化权利国际公约》第六条都规定了工作权，也就是说，在我国就业权益受到双重保护。就业不但是生存权，也是发展权。首先，没有工作就没有收入，就无法养活自己及家庭，剥夺一个人工作的权利就等于剥夺他的生存权；其次，职业也是实现人生价值的舞台，保护一个人的工作权，就等于保护其发展权。

那么具体来说，就业权益有哪些呢？我国有关就业权益保护的法律规范除宪法和《经济、社会及文化权利国际公约》外，还有劳动法、劳动合同法、劳动争议调解仲裁法以及社会保险法等单行的法律，还有最高人民法院的司法解释等，统一属于社会法的综合法律部门。

根据以上法律规范，尤其是《中华人民共和国劳动法》（以下简称《劳动法》）的第三、第七、第十二和第十三条的规定，概括来讲，劳动者有十大权利，即：平等就业、自由择业、取得劳动报酬、休息休假、获得劳动安全卫生保护、接受职业技能培训、享受社会保险和福利、提请劳动争议处理、依法参加和组织工会等权利。需要注意的是，《经济、社会及文化权利国际公约》里还有个罢工自由，该国际公约全国人大常委会已于2001年批准，对我国已经生效，但是罢工自由的行使是要与所在国的法律配套的，我国的法律目前尚无这方面的规定，这就意味着在我国罢工自由是不提倡的。

就业权益广泛分布于求职、入职和离职三大环节中，本章分三个小节依次讲解。

## ▶ 第一节　求职环节的权益保护

首先来看该环节可能出现的侵权问题。

### 一、先招后拒

在求职的过程中有可能遇到的常见就业权益侵犯现象，首先是"先招后拒"，或者"招而不用""录而不用"。

应聘者和用人单位签了三方协议，还没有签劳动合同，这时用人单位通知应聘者不能录用了，三方协议能保障应聘者的权益吗？例如应聘者签约了一家企业，在入职前突然收到单位通知"因岗位调整，我们决定不录用你了。"

这个就是典型的先招后拒。这种情况发生了以后该怎么办呢？

未到单位报到，未跟单位签劳动合同，未确立劳动关系，不等于没有合同关系。三方协议是劳动预约合同，也就是说，单位给应聘者发的录用通知书，在《中华人民共和国民法典》（以下简称《民法典》）里叫"要约"。应聘者按照约定的方式在约定的时限内做出接受的意思表示，在《民法典》里叫"承诺"。双方意思表示一致的最终表现形式就是签三方协议，即《普通高等学校毕业生就业协议书》。也经常有应聘者和用人单位先签双方协议，再签三方协议的。当要约、承诺均已完成，预约合同就成立了。在签约之后，至毕业生到用人单位报到之前，双方都要受其意思表示的约束。单位如果违约，根据《民法典》的第四百七十二条和第五百条的规定，单位要承担缔约过失责任，当然，赔偿多少由用人单位跟毕业生协商解决。总而言之，不能随意录而不用。

当然也会有应聘者问，"我拿到了好几个录用通知书，我放单位的鸽子构不构成违约呢？"这个问题不是就业权益的问题，而是履行合同义务的问题。应聘者拿到录用通知书之后，每个录用通知书里都有做出承诺的期限及方式的约定，如果应聘者在承诺期内没有按照约定的方式及时做出反馈，就等于没有做出承诺，合同尚未成立，不构成违约。如果签了双方或三方协议，就等于合同设立，对双方都有约束力，一方毁约又换单位的，那就构成违约，也要承担违约责任。

为了帮助同学们更好地理解，现举一个中国裁判文书网上先招后拒的判例，参见王某诉某科技股份有限公司缔约过失责任纠纷案。

2016年5月27日，某科技股份有限公司（以下简称某公司）向王某发送录用通知书，告知王某通过公司的面试，邀请王某加入，拟担任穿戴产品高级软件工程师，试用期从收到有效证明（员工手册、离职证明、求职登记表）起算，预备试用期自2016年6月13日（以实际入职日期为准）入职日计算至转正日期。月薪为税前22000元，并载明了其他福利待遇、工作时间、地点、权利义务等事项。通知书要求王某于2016年6月13日（具体日期待定）上午9点准时携带最近一家就职公司的《离职证明》原件等资料向公司人力资源部办理报到，若无法接受公司的录用或对所列事项有疑义或不能达成者，与公司人力资源部协商确认。

案外人某通信技术有限公司于2016年6月7日出具《离职证明》，载明王宁于2011年12月13日入职该公司担任软件工程师，2016年6月7日因王某个人原因申请离职，经协商一致解除劳动关系。同日晚上，王某收到某公司的电话通知，因公司内部组织变动，不需要王某的工程师职位，告知王某不用来该公司报到。

王某于2016年6月21日向该公司所在区劳动人事争议仲裁委员会申请劳动仲裁，要求该公司支付违法解除劳动合同的赔偿金22000元、因该公司违法解除劳动合同导致王某失业的赔偿金22000元、因该公司违约行为导致王某的工龄损失赔偿78805.72元，仲裁委认定双方未建立事实劳动关系，裁决驳回王某的仲裁请求。王某不服仲裁裁决，向该公司所在区人民法院提起诉讼，经过两级审理，2018年5月29日，该市中级人民法院做出终审判决：某公司向王某发出的《录用通知书》属于要约，该要约载明了王某的承诺期限为2016年6月13日，依法属于不得撤销的要约，而某公司因其自身原因撤销了该要约，其在订立合同过程中存在违背诚实信用原则的行为，应当承担缔约过失责任。王某为与某公司建立劳动合同关系而单方解除与原用人单位之间的劳动合同关系，从而丧失了其在原用人单位应得的劳动报酬，即为其损失的信赖利益。判处某公司应向王某支付信赖利益损失22000元。

## 二、就业歧视

求职阶段第二种常见的侵权行为是就业歧视。就业歧视的表现形式非常广泛，有容貌歧视（如身高等）、年龄歧视、性别歧视、疾病歧视（常见的有艾滋病、乙肝等）、地域歧视等。

判断一个单位的招聘行为构不构成就业歧视，主要看它的招聘条件是否是其岗位的内在合理要求。什么是内在合理要求？现以裁判文书网上的闫某诉某度假村有限公司名誉权纠纷案为例来说明。

原告闫某在某招聘网站看到某公司发的一则招聘广告，内有董事长助理和法务专员两个岗位，她都投了简历。很快该公司的人事部门工作人员在网上回复她不符合录用条件，备注中有"不合适原因：某地人"。闫某以侵犯其平等就业权为由将该公司诉至杭州互联网法院。法院认为，某公司对求职者的回复有两个问题：第一，存在地域差别对待的行为；第二，这种差别对待缺乏合理性基础，为法律所禁止。因此，本案构成就业歧视。

正如法院判决书中所说，就业是最大的民生，就业歧视涉及每一个劳动者的公平正义。一方面，平等的劳动就业权是公民最重要、最基本的生存权利，是公民生存和发展的基础，依法应受到法律保护。人的特征几乎是无限的，今天闫某因"某地人"的地域标签受到歧视，明天其他劳动者也可能因民族、性别、年龄、容貌、方言、血型，甚至是姓氏、星座等形形色色的事由受到不公平对待，而前述特征中只有极少数特征与工作及其所产生的社会效益相关，故对于侵害劳动者平等就业权的歧视行为，应旗帜鲜明地给予否定。

在新冠肺炎疫情防控常态化背景下，就业歧视又呈现出新的态势，只要一个地方暴发了疫情，来自该区的人员就会受到其他地区或拒聘或解聘等区别对待。为此，国务院办公厅专门发布了《关于应对新冠肺炎疫情影响强化稳就业举措的实施意见》，提出了"三个不得"：不得发布拒收这些疫区人员的招聘广告，不得单以来自疫区为由拒绝录用来自疫区的人员，不得解雇来自疫区的人员，这就是三不原则。

虽然就业歧视是一个普遍的社会现象，但《劳动法》《宪法》《就业促进法》，以及《经济、社会及文化国际公约》和《一九五八年消除就业和职业歧视公约》等国际公约，以及《就业服务与就业管理规定》等规章已为我们织就了周密的法律保护网，诸如就业歧视的相关认定标准及维权渠道都相当详尽。求职者要善于利用这些法律条款维护自己的合法权利。

## 第二节　入职环节的权益保护

入职环节的侵权行为分为签订合同和履行合同两个阶段。

### 一、签订劳动合同阶段

首先来看签订劳动合同的过程中有可能遇到的5个常见问题：第一，用人单位不签劳动合同，没有劳动合同该怎么办？第二，用人单位要求提供押金或者抵押证件，否则不签劳动合同。第三，用人单位约定了试用期，然后随意辞退。第四，入职时本来想做技术性工作，但没多久单位随意调岗到后勤岗位，薪水也降了很多。劳动合同如果约定不明，单位能否随意调岗和降薪？第五，在入职签定劳动合同时，用人单位能否随意跟劳动者约定违约金？如何认定违法约定违约金呢？下面将逐一分析这五个问题。

（一）用人单位不签劳动合同

用人单位要求劳动者"人来就行，先干起来，薪酬照发"，但就是不签劳动合同，这个问题是不能等闲视之的。劳动合同是劳动者劳动权益的保障，诸如社会保险等待遇都以劳动合同为凭据。根据《中华人民共和国劳动法》和《中华人民共和国劳动合同法》（以下简称《劳动合同法》）的规定，签劳动合同是用人单位的法定义务，合同不但要签，还有时效，即从用工开始超过一个月没签合同的，用人单位要向劳动者每月支付两倍的工资。这是不履行法定义务的一个惩罚性规定。作为劳动者要熟知这个条款，在就业权益受到侵害时，对用人单位要晓之以利害，让其有所忌惮。

需要注意的是，兼职或勤工俭学不是就业。勤工俭学是临时性的，跟用人单位之间没有劳动关系，不能要求其签订劳动合同，也不能因为未签合同要求其给付双倍的工资。

另外，三方协议或就业协议不是劳动合同。劳动合同在人社部是专门有范本的。只有三方协议没有劳动合同的，可以认定用人单位没有履行法定义务，可以要求其补签，并承担惩罚性赔偿责任。

如果用人单位只是约定了试用期，而没有其他条款，那么，根据劳动法的规定，试用期是不存在的，约定的试用期就等于合同期，等于确立了劳动关系，这是出于对劳动者权益保护的考虑。因此，一定要有这样的意识，即先有劳动合同，后有试用期。若合同中只签署一个单独的试用期，这种情况必定是违反了劳动法的。

（二）要求签订劳动合同附加条件：如交付押金、扣押身份证等

如果用人单位在签劳动合同时要求劳动者提供押金或者将身份证件抵押才签合同，这是有违《劳动合同法》规定的侵权行为，可以理直气壮地拒绝。根据《劳动合同法》的规定，用人单位不得扣押劳动者的居民身份证和其他证件，不得要求劳动者提供担保，不得要求劳动者交押金或收取劳动者财物。当用人单位违反这些规定时，不但要返还押金或证件，还要受到处罚。劳动行政部门可以据此按照每人五百元以上两千元以下的标准要求用人单位缴纳罚款。该条款同样适用于新冠肺炎疫情期间，不少单位借口劳动者需要担保其个人健康，必须交口罩费、防护费、隔离费等法外要求的费用。如果劳动者能够充分利用这些有利条款为自己维权，无疑可以有效约束用人单位的不

规范用工行为。

### (三)用人单位试用期随意辞退员工

第三种常见的侵权现象是用人单位在试用期内随意辞退员工。因为试用期的薪水比正式工要低一些,有些单位通过反复辞退试用人员来变相赚取劳动者的廉价劳动力,这是需要警惕的。

第一,要注意试用期限的长短。试用期只能约定一次,约定两次就不合法了。第二,试用期的长短是跟合同期相适应的,合同期越长,试用期才可以越长,合同期越短,试用期越短。注意试用期是有上限的——不管合同多长,试用期最长也不能超过六个月。第三,如果只有试用期没有合同期,则试用期不成立,试用期就等于合同期。

关于试用期随意降低薪资的问题,《劳动合同法》也有规定,试用期的工资不低于相同岗位最低档工资或者劳动合同约定工资的百分之八十,即不少于约定工资的八折,或不低于用人单位所在地的最低工资标准。最低工资标准是保障劳动者的生存、有尊严地活着所需要的最低费用,因此,用人单位是不能随意降低薪资的。

试用期也不能够随意解雇员工。按照《劳动合同法》的规定,有以下情形的可以解雇。

第一种情形是,在试用期内确实不能胜任,或者不符合录用条件。比如,某校有位会计专业的毕业生到某企业应聘成本会计。企业的招聘条件要求有三:第一,会计专业本科毕业;第二,有在制造业做成本会计两年的经验;第三,英语听说能力较强。该毕业生被录用后签了三年合同,试用期六个月。六个月期满,单位认为他不合适,就解雇了。该毕业生不服,又是申请仲裁又是起诉,最后还是以败诉终结。法院认为,原告除了学历和专业符合招聘条件外,既没有相关的经验,英语也不够出色,在试用期内工作表现也不好,确实不能胜任该工作。这种情况就属于用人单位有权解雇的情形。

第二种情形是,劳动者在用人单位不遵守规章制度,有重大违规行为,给单位带来严重损失的,也可以解雇,而且这种解约没有补偿。如果涉嫌犯罪,不但会被解雇,还要追究刑事责任。

第三种情形是,劳动者"脚踏两只船",在试用期内,同时在另一家单位就职,这是有违职业道德的不忠诚行为,用人单位也有权解雇。

除此之外,违背诚实信用原则,通过学历造假、身份造假、年龄造假等方式跟用人单位签订劳动合同的，都能构成单位解聘的理由，情节严重的，还要追究刑事责任。

以上都是法定可以解雇的情形。除此之外，在试用期内不可以随意解雇员工。

### (四)劳动合同约定不明，随意调岗或降薪

签订劳动合同时如果约定不明，容易导致后续出现问题。比如，本来入职时想做技术岗位的工作，入职不久被调剂到行政或后勤性质的岗位，与本人最初的预期不符，这种情况该如何处理？

如果入职时签的劳动合同明确约定应聘者的岗位是技术岗，未经劳动者同意就调到后勤岗，这就构成违约，并由单位承担违约责任。合同一旦签订就要全面履行，不得随意变更，变更的前提条件是劳动者知情并同意，这是对劳动者的尊重。如果签合同时对于岗位性质约定不明，就为用人单位随意调岗提供了空间，劳动者就容易处于被动位置。《劳动合同法》规定了劳动合同的必要条款，诸如甲方乙方、劳动的内容、地点、期限、休息休假、社会保险等都需要在合同里约好。建议劳动者参照人社部专门制定的劳动合同范本将一些基本条款约定清楚，这样可以有效减少甚至避免日后的纠纷和麻烦。

用人单位不能随意降薪。薪水是合同的关键条款，给劳动者支付劳动报酬也是劳动者基本的宪法权利，因为这关系到劳动者的生存权。薪金要及时、足额发放，不能克扣、拖欠。根据《劳动合同法》的规定，如果劳动关系是明晰的，没有别的纠纷，只是因为拖欠或未足额支付劳动报酬，劳动者可以直接到法院申请支付令，支付令具有强制执行力，用人单位在收到支付令之日起十五日内既不提出异议也不履行的，劳动者可以申请法院强制执行；用人单位如果依然不履行，对用人单位适用《劳动合同法》第八十五条的罚则，即加付赔偿金，由劳动行政部门责令其限期按照应付薪酬金额的百分之五十到百分之一百的标准来支付赔偿金。

根据《劳动合同法》的规定，用人单位未及时足额支付劳动报酬，也构成劳动者单方面解除合同的法定事由。可以说，《劳动合同法》在保障劳动者权益方面已经做足了规定。

除了用人单位不能随意降薪，劳动者还要关注最低工资标准。用人单位与劳动者约定的薪酬不能低于当地的最低工资标准。根据劳动与社会保障部2004年第21号令发布的《最低工资规定》，最低工资标准的测算方法，一般

要考虑城镇居民生活费用支出、职工个人缴纳社会保险费、住房公积金、职工平均工资、失业率、经济发展水平等因素。可用公式表示为 $M=f(C, S, A, U, E, a)$。其中 M 代表最低工资标准；C 代表城镇居民人均生活费用；S 代表职工个人缴纳社会保险费、住房公积金；A 代表职工平均工资；U 代表失业率；E 代表经济发展水平；a 代表调整因素。

根据这个测算方法，由于各地的经济发展水平不同，各地的最低工资标准也是不一样的。发达地区如北上广的最低工资标准相对较高，欠发达地区如西部和中部地区相对较低，通常最低工资标准会随着经济增长逐年上调。

最低工资是劳动者薪酬的兜底条款，它反映的是劳动者在当地的生存保障问题。即使是新冠肺炎疫情期间，很多企业开不了工，没有利润，但只要公司还在，没有倒闭，也得养人，因为企业员工也要生存。人力资源和社会保障部规定，用人单位要按照不低于本市最低工资标准的百分之八十的标准支付劳动者基本生活费。这是一些比较人道的规定。

(五)用人单位违法约定违约金

在签订劳动合同的过程中，还有一个常见的问题是用人单位违法约定违约金。违约金在合同中广泛适用，但是在劳动合同中只有两种情况用人单位才能约定违约金，即《劳动合同法》的专项培训费用和竞业禁止规定。

第一种可以约定违约金的情况是：用人单位把应聘者招录进来之后给予重点培养，花成本给予专项培训，并约定了服务期。如果劳动者服务期未满提前离职，这种违约给单位造成了实际的损失，就要支付违约金。违约金的金额以专项培训费为限，若剩下几年服务期，违约金不能超过分摊的服务费。所以，这种违约金带有一种补偿性。

第二种是竞业禁止。单位的高级管理人员、高级技术人员、掌握商业秘密的人员等如果离职，两年内不得到有同业竞争关系的单位就职。此举是为了保证企业之间的公平竞争，保护公司的商业秘密和竞争优势不被其他竞争对手窃取。劳动者违反竞业限制约定，需要向用人单位支付违约金。

另外，劳动者还需要了解，限制约定的劳动合同条款不仅包括违约金，还包括赔偿金条款。为了弥补劳动者的损失，原单位要在竞业限制期限内按月给付这些劳动者经济补偿，补偿标准由劳动者与用人单位双方约定。单位如果愿意高薪养人、限制竞业禁止，即使约定与在职时同薪国家也不会干涉，但如果约定不明就会有麻烦。

现在各地为了规范竞业禁止也出台了一些规定，比如，深圳竞业禁止补偿金按月计算，不得低于该员工离开企业前最后十二个月月平均工资的二分之一（《深圳经济特区企业技术秘密保护条例》）；上海是20％～50％（上海高院关于适用《劳动合同法》若干问题的意见）；浙江省年度补偿费按合同终止前最后一个年度该相关人员从权利人处所获得报酬总额的三分之二计算（《浙江省技术秘密保护办法》）。从全国来说，《最高人民法院关于审理劳动争议案件适用法律若干问题的解释（四）》第六条明确了一个标准：当事人在劳动合同或者保密协议中约定了竞业禁止，但未约定解除或者终止劳动合同后给予劳动者经济补偿，劳动者履行了竞业禁止义务，要求用人单位按照劳动者在劳动合同解除或者终止前十二个月平均工资的30％按月支付经济补偿的，人民法院应予支持。也就是说30％是最低的补偿标准。

以上是用人单位可以约定违约金的两种情况，除此之外的违约金约定都是违法的。

## 二、履行合同阶段

入职之后履行合同的过程中常见的5种侵权现象是：第一，虽然签了合同，但单位不给员工交社会保险；第二，单位经常让员工加班，并且没有加班费；第三，员工生病后，单位在医疗期内解除合同；第四，单位解除合同，未通知工会；第五，单位解除合同，没有任何补偿。这五种侵权现象也逐一进行分析。

### （一）用人单位不缴社会保险

不管做什么工作，"五险一金"是劳动者最关心的问题。"五险"指的是养老保险、医疗保险、工伤保险、生育保险、失业保险；"一金"指的是住房公积金。一个人难保不生病、不年老，甚至不负伤，还有女职工生育的问题。在这些困难时刻，劳动者都希望有所保障。社会保险承担了这个功能，而为劳动者办理社会保险是用人单位的法定义务。根据《社会保险法》的规定，用人单位应当自用工之日起三十日内为其职工向社会保险经办机构申请办理社会保险登记，个人的身份证号码就是其社会保障号码。

如果用人单位不履行该义务，根据《劳动合同法》的规定，这将构成劳动者单方面解除劳动合同的一个法定事由，即劳动者可以"炒单位的鱿鱼"，与此同时，还可以要求单位给予经济补偿。如果劳动者不想解约，可以由社会保险经办机构核定其应当缴纳的社会保险费。

(二)"996"现象：用人单位不付加班费

"996"指的是一种加班现象。所谓"996"，是指早上9点上班，晚上9点下班，一周工作6天。更有甚者，还有"007"之说，即10点上班，10点下班，一周工作7天，也就是根本没有休息日。如此高强度的加班，让劳动者不堪重负，怨声载道，再加上加班还没有加班费，这种企业文化越来越招致人们的普遍不满。

法律上与"加班"有关的概念如下：

第一是工作时。八小时工作，即在"朝九晚五"以外的时间工作就是加班。

第二是工作日。按照劳动法的规定，不管是什么职业，一周至少要有一天的休息时间，其他的时间就是工作日。有的单位执行的是双休，即周一到周五工作；有的单位是单休，即周一到周六工作。在工作日以外的休息日工作都是加班。

第三是休假日。《全国年节及纪念日放假办法》规定，元旦、春节、国庆、五一、端午、清明等节日是法定的休假日，在这一天安排员工工作也是加班。

把这几个概念搞清楚之后，还需要了解在不同的时间加班支付加班费的标准是不一样的。8小时工作时以外加班，支付的加班费最少，相当于日平均工资的1.5倍；休息日加班是2倍；法定休假日的加班费最高，比如春节加班，支付的加班费标准是日平均工资的3倍。

虽然法律有上述规定，但是劳动者在实际工作中，遇到加班就向单位索要加班费，可能也会遇到现实困境。尤其是在新冠肺炎疫情背景下，很多单位都在艰难生存，裁员、停产是家常便饭，倒闭也是常有的事。与加班带来的辛苦相比，保住一个工作岗位和饭碗可能是第一要务。所以，劳动者要审时度势，理性对待用人单位这类加班且无加班费的现象，不要机械援引法条，除非加班是常规操作。偶尔加班就动辄诉诸法律，向单位索要加班费，可能并非明智之举。

不过，随着公众对"996"企业超时加班文化现象非议的加剧，政府部门也做出了保护劳动者合法权益的回应。2021年6月30日，人力资源社会保障部和最高人民法院联合发布了第二批劳动人事争议典型案例(人社部函〔2021〕90号)，明确了工时及加班工资法律适用标准，为各地仲裁机构、人民法院在办案中处理相关纠纷提供了参照依据。

根据《最高人民法院关于案例指导工作的规定》（法发〔2010〕51号）第二条、第七条规定，具有典型性的案例是指导性案例，各级人民法院审判类似案例时应当参照。2015年6月2日，最高人民法院又发布《关于案例指导工作的规定》的实施细则第九条规定，各级人民法院正在审理的案件，在基本案情和法律适用方面，与最高人民法院发布的指导性案例相类似的，应当参照相关指导性案例的裁判要点做出裁判。故此，人社部和最高法院发布的以加班纠纷为主的第二批十个劳动人事争议典型案例对类似案件具有指导性。现给大家举例说明如下。

参考案例：劳动者与用人单位订立放弃加班费协议，能否主张加班费？

基本案情是：张某于2020年6月入职某科技公司，月工资20000元。某科技公司在与张某订立劳动合同时，要求其订立一份协议作为合同附件，协议内容包括"我自愿申请加入公司奋斗者计划，放弃加班费。"半年后，张某因个人原因提出解除劳动合同，并要求支付加班费。某科技公司认可张某加班事实，但以其自愿订立放弃加班费协议为由拒绝支付。张某向劳动人事争议仲裁委员会（简称仲裁委员会）申请仲裁。请求裁决某科技公司支付2020年6月至12月加班费24000元。仲裁委员会经审理裁决某科技公司支付张某2020年6月至12月加班费24000元。

法院编写该典型性案例时认为，约定放弃加班费的协议是某科技公司利用在订立劳动合同时的主导地位单方制定的格式条款，它免除了用人单位的法定责任、排除了劳动者权利，侵害了张某工资报酬权益，违反了《劳动合同法》第二十六条、《最高人民法院关于审理劳动争议案件适用法律问题的解释（一）》（法释〔2020〕26号）第三十五条的规定，显失公平，应认定无效。故仲裁委员会依法裁决某科技公司支付张某加班费。

法院最后评论说，崇尚奋斗无可厚非，但不能成为用人单位规避法定责任的挡箭牌。谋求企业发展、塑造企业文化都必须守住不违反法律规定、不侵害劳动者合法权益的底线，应在坚持按劳分配原则的基础上，通过科学合理的措施激发劳动者的主观能动性和创造性，统筹促进企业发展与维护劳动者权益。

法院的这段评论足以表明政府对"996"企业加班文化的态度。

### （三）用人单位在医疗期内解除合同

在工作期间，人难免会生病，生病请假医治也是正常的事。但如果用人单位以缺岗影响工作为由解雇劳动者，这种情况就要具体问题具体分析了。根据《劳动合同法》的规定，劳动者患病或者非因工负伤，在规定的医疗期内，用人单位不得解除合同。那么，规定的医疗期有多长呢？这与劳动者的工作年限有关系，工作年限越长，医疗期也越长，但最长不超过二十四个月。可见，这主要针对的是工作二十年以上的老员工。就刚入职的年轻人而言，这个医疗期不会很长，一般来说能有差不多三个月以上。医疗期内不得解除合同是约束用人单位的红线，与不得解雇怀孕、哺乳期内的女职工一样，是对弱者的保护。

但是，如果劳动者医疗期满还是没有康复，不能回到原来的岗位工作，用人单位能不能解除合同呢？也不能马上解雇。根据《劳动合同法》的规定，可以给劳动者调换岗位，看看其能不能胜任；如果还不行，在规定的医疗期满后不能从事原工作，也不能从事由用人单位另行安排的工作的，用人单位可以解除劳动合同。但是要提前三十天以书面形式通知劳动者本人，或者额外支付劳动者一个月工资后解除合同。至于是多拿一个月的工资马上走人，还是等三十日以后被单位解雇，这个由劳动者自己选择。但不管怎样，因病久治不愈被解雇，都要按照无过失性辞退给予经济补偿，这也是《劳动合同法》体现人道精神的条款。

结合现在的新冠肺炎疫情背景，如果有人查出来新冠阳性需要隔离治疗，单位同样不能解雇。最高人民法院2020年4月16日印发的《关于依法妥善审理涉新冠肺炎疫情民事案件若干问题的指导意见（一）》规定，用人单位仅以劳动者是新冠肺炎确诊患者、疑似新冠肺炎患者、无症状感染者、被依法隔离人员或者劳动者来自疫情相对严重的地区为由，主张解除劳动关系的，人民法院不予支持。

如果用人单位无视法律规定，在医疗期强行解除劳动合同，劳动者有两种选择：第一，如果不想离职，可以要求单位继续履行合同；第二，可以接受解约，但要适用《劳动合同法》的规定，由用人单位向劳动者支付双倍的赔偿金。

### （四）用人单位解除合同不通知工会

工会是职工的维权机构，用人单位解除合同都要事先通知工会说明理由，工会对事关劳动者重大利益的事项具有监督权。如果用人单位违规解除合同，工会有权要求其纠正，用人单位应当研究工会的意见，并将处理结果书面通知工会。

除此之外，劳动者在提起劳动争议仲裁和诉讼时，工会也有支持起诉权。因此，劳动者在维权时不要单兵作战，而是要紧紧依靠工会，这样在与强大的资方抗衡时就不会感到势单力薄。有了工会的介入，胜算的可能性会更大一些。

### （五）用人单位解除合同不给予经济补偿

在履行合同的过程中，常见的侵权行为是用人单位在符合法定情形解除合同，但是不给经济补偿。根据《劳动合同法》的规定，用人单位正常解除合同应当向劳动者支付经济补偿。补偿标准与工作年限有关，每满一年给予一个月工资的补偿，这个月工资是指劳动者在劳动合同解除或者终止前十二个月的平均工资。最长补偿不超过十二年，即补偿金不超过十二个月的工资，具体按照劳动者所在地的经济发展水平、平均工资来支付。比如，工作三年离职，单位要补偿三个月的工资。如果单位不给补偿，除要求单位全额发给经济补偿金外，还可以适用《违反和解除劳动合同的经济补偿办法》的规定，要求单位按该经济补偿金数额的百分之五十支付额外经济补偿金。当然单位没有那么容易遵照法律规定给予劳动者经济补偿，那就只能通过仲裁或诉讼渠道解决。

## 第三节 离职阶段权益保护

劳动者通过解除劳动合同关系离开一家单位，主要存在这两种情况：要么是合同到期，原单位不再续签合同；要么是原单位存在令人不满意的问题，劳动者主动离职。不管是哪一种，离职都是无奈之举。若是能好好工作下去，劳动者多半会选择留下来，而不是离职，再辛苦地寻找新单位。

在处理与原单位的关系时，基本原则是好聚好散，闹到诉至劳动争议仲裁或到法院打官司的地步并非明智之举。劳动者有所不知的是，多数新单位往往跟原单位有着千丝万缕的联系，因为大部分劳动者跳槽基本还是在原来的圈子，不会跨界很大去换工作。有可能劳动者进入的下一家单位，会通过上一家单位来了解劳动者的情况，业内口碑对劳动者能否在下一家单位获得认可和尊重有很大的关系。

但是当原单位严重侵犯劳动者的合法权益的时候，该维权还是要果断去维权。比如，拖欠工资、不交社会保险费等。作为劳动者，有必要了解维权的路径有哪些。首先是协商。能够跟单位协商解决的问题尽量协商解决，协商不成，可以找劳动争议调解委员会调解；调解不成，再找劳动争议仲裁委员会仲裁。如果既不想协商，也不想调解，可以直接提起仲裁。如果对仲裁也不满意，最后一步是诉至法院。但是相对诉讼，劳动仲裁是前置程序，必须先裁后判，未经仲裁不得先行起诉。

可见，从法律设置的解决劳动争议的流程来看，是希望劳动者和用人单位能够穷尽前面的这些解决手段，不要动不动就去打官司。就是万不得已走到诉讼这一步，也要不伤和气地解决问题。因为劳动争议很复杂，法院希望行业组织把它解决好是首选。

提起仲裁和诉讼要注意时效。《劳动争议调解仲裁法》中规定，提起仲裁的时效是一年，从知道或应当知道劳动权益受到侵害之日起计算；对仲裁裁决不满，再提起诉讼的时效是十五天，从收到仲裁裁决之日起开始计算。逾期申请仲裁或提起诉讼，只有败诉一途。

总之，解决劳动争议有很多途径，协商不是必经程序，可以不协商直接调解。调解也不是必经程序，不想调解或者调解反悔，也可以去仲裁。但是仲裁是必须的，是第一步，仲裁还不服可以去起诉。起诉兜底，诉讼是最后的、终局的。但是，有个别的劳动争议仲裁也是终局的。《劳动争议调解仲裁法》中规定，追索劳动报酬、工伤医疗费、经济补偿或者赔偿金，不超过当地月最低工资标准十二个月金额的争议以及因执行国家的劳动标准在工作时间、休息休假、社会保险等方面发生的争议都属于终局裁决，不能再提起诉讼。

## 结束语

本章主要介绍了劳动者的基本就业权益，也讲述了求职、入职、离职可能遇到的一些侵权行为和现象，以及如果遇到劳动争议该如何解决。希望同学们在求职的过程中都能够一帆风顺，入职之后也能够兢兢业业地干好本职工作，与单位保持和谐关系，不到万不得已，尽量不要去走仲裁或者是诉讼之路。

**拓展阅读**

### 就业权益相关判例

1. 身高歧视相关判例——蒋某不服某银行分行招录行员启事行为行政纠

纷案(2002)

2001年12月，某银行某分行在报纸上刊登了《招录行员启事》，其第一条"招录对象"规定："2002年普通高等院校全日制应届毕业的具有大学本科及以上学历的经济、金融、计算机、法律、人力资源管理、外语等相关专业的学生。男性身高在168厘米、女性身高在155厘米以上，生源地不限。"

蒋某以该分行的上述要求违反法律规定，是对包括自己在内的仅因身高不符合上述条件的报名者的身高歧视，侵犯了国家法律赋予的担任国家公职的平等权为由，向所在市的区人民法院提起行政诉讼，请求依法确认被告的被诉具体行政行为违法。

2002年1月7日，法院受理了该案。该分行，2002年1月9日在报纸上重新刊登了《招录行员启事》，该启事取消了对招录对象身高条件的规定。该区法院认为，被告该分行在该行为产生效力之前就已自行修改了《招录行员启事》内容，撤销了对招录对象身高条件的规定，消除了该行为对外部可能产生的法律后果和对相对人权利义务产生的实际影响，因此裁定驳回原告蒋某的起诉。

(来源：成都法院网)

2. 性别歧视相关判例——周某诉某银行某分行强制女性职员55岁退休性别歧视案(2005)

周某，女，55岁，系某银行某分行职工。2005年元月上旬，其被单位告知已到退休年龄，并已着手办理其退休手续。周某认为单位针对其退休的决定与我国宪法、劳动法有关男女平等的规定相违背，对其实行55岁退休，而对男子实行60岁退休是基于性别理由的区别对待，构成对女性劳动者的性别歧视，依法应当予以撤销。为争取妇女平等退休权，周某向当地仲裁委递交了仲裁申请，请求撤销被申请人作出的要求申诉人退休的决定。

仲裁委经审理裁决，对周某的申诉请求不予支持。10月28日，周某向平顶山市湛河区法院递交了民事起诉状。请求撤销仲裁委[2005]86号裁决书和被告做出的针对她的退休决定。法院经审理后判决，驳回原告周某的诉讼请求。

(来源：中国法院和仲裁机构禁止就业歧视案例选，四川大学法学院，北京：国际劳工组织，2011年，第13页)

3. 疾病歧视相关判例——乙肝病毒携带者周一超参加乡镇公务员招考因

体验不合格导致的杀人案(2003)

2003年1月23日,浙江大学农业与生物技术学院农学系学生周某报名参加某市某区政府招收9名乡镇公务员的考试。笔试排名第三,面试后总成绩排名第5。

4月1日下午,周某参加体检。4月3日未收到录取通知的周因对录用工作的公正性产生怀疑,购买了菜刀和水果刀,并于下午3时许,到区人事劳动社会保障局511办公室。他询问经办人干某后得知自己体检结果为"乙肝小三阳",属于体检不合格;而另一位手指残疾的考生则属于合格。周某遂用水果刀将干某刺成重伤,并在激愤中将干某同办公室的张某刺死。

9月4日,该市中级人民法院以故意杀人罪一审判处周某死刑,周当庭将判决书撕烂抛弃,拖着脚镣跟跄而去,并提起上诉。2004年3月2日,该省高级人民法院裁定驳回上诉,维持原判,并于当日以注射方式对周某执行了死刑。

周某案引起人们对乙肝病毒携带者群体的广泛关注,并质疑公务员录用体检标准的科学性。2004年7月和11月,人事部和卫计委先后两次在网上就公务员录用体检标准向社会公众公开征求意见。经过十几次反复论证,2005年1月,《公务员录用体检通用标准(试行)》颁行,标准中将乙肝病毒携带者和乙肝患者区别开来,前者合格,不得拒录。随后,2007年的《就业服务与就业管理规定》、2008年的《就业促进法》、2009年的《食品安全法》都不同程度地规定,禁止将乙肝病毒血清学指标作为体检标准,不得拒录传染病病原携带者。

(来源:综合《南方周末》《新浪网》和《都市快报》的相关报道)

4. 学历身份造假相关判例——"假北大博士"刘某诈骗高校案(2005)

2004年11月14日,某学院参加国家人事部在北京中国建筑文化中心举办的"全国第六届高级人才洽谈会",只具有高中文化程度的刘某来到洽谈会,向该学院谎称自己是北京大学在读博士生,将于2005年7月毕业,并提交了他编造的工作经验、科研项目、发表论文、英语水平等个人简历。该学院信以为真,即与刘某商谈招聘事宜。为了刘某毕业后能顺利到该学院工作,该学院决定让他毕业前即可上班。

2004年12月份,刘某到该学院上班,该学院按博士生待遇支付给刘某4万元安家费,三个月工资6000元,并分配给他120平方米的住房一套。刘某上班后,多次以自己是北大博士为由,要求提高待遇,不断向该学院提出需要配置电脑、打印机和科研启动资金等要求。该学院经向北京大学查询,发现刘某并未在北京大学攻读博士。2005年2月2日,刘某再次向该学院要求上述待遇时,被该学院保卫处抓获并移送公安机关。

经过两级法院审理,2005年7月18日,该市中级人民法院终审驳回了被告人刘某的上诉,维持了一审法院的判决,以诈骗罪判处被告人刘某有期徒刑三年零六个月,并处罚金4000元;责令退赔被害单位郑州某学院经济损失5370元。

(来源:中国法院网)

5. 拒不支付劳动报酬相关判例——某文化传播有限公司、梁某拒不支付劳动报酬不起诉案(2019)

梁某系某文化传播有限公司实际控制人,2018年8月以来,该公司在经营量贩KTV,后因经营不善拖欠方某、虞某等27名员工工资共计人民币97089元,梁某在未付清上述工资的情况下逃匿。

这27名员工于2019年9月26日向该市人力资源和社会保障局投诉。同年11月5日,该市人社局向该公司及梁某发出《责令限期改正指令书》,责令其付清员工工资人民币88753元。该公司、梁某在收到责令通知后仍未在指定的期限内支付。

梁某归案后,在公安机关侦查阶段支付员工工资88753元,在检察机关审查起诉阶段,又支付了超龄劳动者工资6675元。该市人民检察院经审查认为,梁某虽已构成拒不支付劳动报酬罪,但犯罪情节轻微,于2021年8月23日对梁某作出相对不起诉决定。

(来源:最高人民检察院公布拒不支付
劳动报酬犯罪典型案例,最高人民检察院网上发布厅)

## 思考题

1. 劳动者的十大就业权益是什么?
2. 分析求职过程中常见的两种侵权行为的表现形式及解决方法。
3. 入职后,在签订和履行劳动合同的过程中,常见的十大侵权现象是什么?如何有效保护劳动者的合法权益?

# 第十章 就业创业深造典型案例

## 一名浙大博士的理想信念

**【人物名片】**

苏某麒,中共党员,浙江大学生仪学院生物医学工程专业博士毕业生,在校期间获浙江大学生最高荣誉竺可桢奖学金和连续两年获博士研究生国家奖学金,发表SCI论文25篇,面对诸多领域的选择和机会,他果断放下专业技术的积累,为了青春梦想,前往大西北,成为陕西省选调生,奔赴延安市志丹县工作。

一名毕业生找了一份工作,本是一件平常无奇的事情,但知道我的人,一开始总会对我的选择产生诸多疑问。一个出生在东南沿海,在美丽的杭州生活了二十来个年头,在前沿专业领域耕耘并取得显著成果的博士,为什么会只身前往陌生的大西北——志丹县工作呢?

### 以梦为马,到祖国最需要的地方去

"到祖国最需要我的地方去。""青年一代,应该奉献自己的青春,到基层的第一线去。"我喜欢用一道简单的选择题来说明自己的想法,选择一是自己投入1份努力,收获10份收益;选择二是自己投入1份努力,收获1份收益,而将99份收益去分享给别人。"我会选择第二个。"我对自己的这个选择很笃定。

我的职业规划并不是从一开始就定好了方向的。选调生也并不是我一直以来的职业理想,而是我在浙大的十年里,经过各种尝试之后做出的坚定选择。"从硕士开始,工作、创业、科研,我都尝试过,我也觉得都可以去做。

虽然那时候我不太清楚自己以后会做什么，但是一直以来在我心底有一个念头没变，我想通过自己的努力，去做对社会、对他人、对国家有利的事情。"而选调生是当前能够最大限度地帮助我实现这一想法的选择，因此，我渐渐明晰了自己的职业规划，坚定了自己的职业理想。

### 不负韶华，青年的个人梦融入中国梦

拥有优秀的学术成果，却放弃了科研之路，选择了一条看似与科研完全不同的选调生之路不觉得可惜吗？在我的博士毕业答辩会上，答辩委员会老师也对我的学术水平给予高度评价："这已经可以成为副教授了。"

在各种矛盾中不断寻找契合点，这是我在多年求学之路上明白的人生道理。"科研业绩的积累和今后追求的事业不一定有直接的关系，但是在获得这些业绩时所需要的品质和要求是相通的，比如踏实进取、求真务实，这些从科研中训练出的品质是受用一生的，这正是做科研和做选调生工作的契合点。"将青年的个人梦融入中国梦，把个人成长之路与国家民族的复兴之路结合起来的想法，早已经在我的心底生根发芽，这也是我寻找自我定位和规划职业方向时，敢于拿得起放得下的关键。

### 一腔热血，差点因肥胖与理想"有缘无分"

我要走的选调生之路并不轻松，差点因为肥胖与理想"有缘无分"。我在体检时曾三次复查不合格，因为脂肪肝导致的谷丙转氨酶超过规定值两倍以上。"刚拿到体检结果时我很沮丧，没想到我一腔热血想做选调生，却因为胖被拦在门外。"周围朋友跟我开玩笑说，这是上天想让我再选一次。但再选一次我还是要去，所以，在诱惑最多的寒假期间，我严格控制饮食，甚至在过年时，当家人们围坐一桌享受佳肴珍馐时，我在厨房另起炉灶，自己水煮健康餐。短短一个月时间里，我硬是减下二十多斤，最终谷丙转氨酶恢复正常，通过了体检。

对于我的选择，学校给予了充分的肯定。浙江大学在《光明日报》和《浙江日报》的两篇报道中提及了我的事迹，并在微信、微博、今日头条、腾讯新闻等新媒体平台报道了他的事迹，相关报道也被澎湃问政、简书等媒体转载。生仪学院也为我举办了欢送仪式。除了学校、学院的鼓励，我的选择更离不开亲友特别是女朋友的支持。来自浙江大学生仪学院生物医学工程专业的硕士毕业生的她，辞去了在杭州刚满一年的算法工程师的工作，奔赴陕西深造，用实际行动来支持我的理想。

### 公忠坚毅，担当大任，主持风气，转移国运

"这里是个好地方！"刚走上工作岗位，我就已经爱上了这片热土。陕西是中华民族和中华文明的发祥地之一，有中华人文始祖黄帝陵，有世界八大奇迹之一的秦始皇兵马俑，有周秦汉唐十三朝古都、丝绸之路源点城市西安，有中国革命圣地延安。地处陕北黄土高原，位于延安西北部的志丹县，是"群众领袖，民族英雄"刘志丹的故乡，更是红军长征的落脚点和抗日战争的出发点，是中国革命的"赤都"。我认为，青年人在扎根基层中迎接挑战，干事创业，首先要做的就是融入地方。摆在我面前最大的难题是语言关。我要求身边的同事、朋友都用方言跟我交流，碰到不懂的词汇便积极弄懂。为了更快地适应环境，我在志丹县度过了第一年的春节。

"公忠坚毅，担当大任，主持风气，转移国运。"在浙江大学赴基层就业毕业生欢送会上，我曾用一段激情昂扬的发言为即将奔赴祖国最需要的地方去建功立业的求是学子和自己践行："从母校走出来，无论走到哪里，我都会铭记'求是创新'的校训，铭记竺老校长'人生在于服务，不在于享受'的教诲。即将踏上新的人生旅途，既然选择了，我就有责任、有义务坚持到底并做到最好，不抛弃、不放弃，为基层奉献自己的青春与热血！"

这是我坚定选择的职业道路，也是一个浙大博士的理想信念。

### 【教师点评】

同学们选择走选调生这条路时，首先要清楚自己的初心，要分清是盲目随大流的冲动还是为人民服务的热忱。苏某麒便是利用在校期间做了科研、创业、工作等多种尝试，明确了选调生是自己到祖国最需要的地方建功立业的最佳选择，因此在准备的过程中充满动力，在走上工作岗位后沉得下心来。只有这样才能够笃定自己的选择，更加有所作为。在校期间，同学们可多参加选调生分享会以及基层挂职锻炼等活动，提前深入感知工作环境和职业状态，积极主动做好职业生涯规划。

### 给机器输入一颗温暖的心

### 【人物名片】

彭某，浙江大学计算机科学与技术学院2016届博士毕业生，在校期间荣获"三好研究生""优秀研究生""国家奖学金"等奖项，毕业后入职腾讯公司优图实验室从事深度学习和图像理解方向的研究工作，参与多个重大联

合攻关项目，开发了两门深度学习相关课程，发表多篇高水平会议和期刊论文。

或许只有致力于研究人工智能的人，才会在机器心与人心之间反复对比，感触到一颗心极冷，另一颗心极热，才更能从中屡屡体悟到人心之独一无二，也更能自发地用一颗温暖的心对待万事万物。

### 病假期间的"顿悟"

攻读博士期间，我不小心扭伤了脚，难以站立行走，只好向导师告了病假，在家卧床修养了几周。这一养，不仅养了身，更养了心。

暂时摆脱实验室繁重的任务和高压的氛围，我有了闲暇时间去审视自己的内心。在追问内在世界的过程中，我重新发现且深化了自己对人工智能（AI）研究领域的好奇心。通过对互联网中各类 AI 信息的整体把握，我开始确信计算机视觉（CV）与深度学习技术具备强大的发展潜力与应用前景。试想一下：如果在旅行过程中，智能手机能够识别出游客所拍摄照片中的地标图像，并显示出该图像的语义信息，充当景点解说员，随时随地陪伴在游客身边，那么这将大大提升游客的旅行体验。紧紧地抓着这一灵光，我形成了一个大胆的研究构想：为智能设备赋予拍照识别地标的视觉智能。

三十多天后，我拖着一条初愈的腿，怀着一腔科研热情回到学校，和导师沟通了这个令我十分兴奋的研究构想。意料之中，这一构想不仅让我自己兴奋，也获得了导师的认可。于是，我成为浙江大学数据库实验室（Database Laboratory，DB-Lab）第一个专攻计算机视觉与深度学习方向的博士生。

自我确认了自己的研究主题和研究计划之后，我便展现出强大的执行力。我开始有目的地绕着玉泉校区转悠，记录校区内各个地标的位置，拍摄地标的照片，就地取材，为训练机器收集数据。直到离开校园整整三年后，我仍能够脱口而出玉泉校区内各大地标的准确方位与它们的模样。

对于自己在浙大的求学生活，我是怀念的。我自然会感怀那个奋发进取的自己：满怀着科研热情，在攻读博士期间发表了数篇计算机领域的顶级会议与期刊论文，带着令人羡慕的荣光按时毕业。除此之外，一个"只得浮生半日闲"的安逸场景更深深地镌刻在我的记忆中：这常常是在阳光明媚的午后，约莫三四点钟，我从实验室里出来，散步到校区后山的山脚处，慢悠悠地爬上去，再晃悠悠地走下来，任由阳光洒满全身，洗去一日的倦意。

玉泉校区背靠着的矮墩墩的山，浙大人都亲切地称它为老和山。大家不知道老和山多大岁数了，也不清楚它名字的由来，但是人人都知道老和山有700个台阶。这不是数出来的，而是有人用厚重的红色油漆刷于台阶之上的。我想起这个鲜明的"700"时，眼底的笑意淌了出来。我拿起手机点开微信，给记者看昔日一位老师的头像图片。那是一张老和山700个台阶的照片，照片下方还镶了一面小小的飘扬着的五星红旗。我半开玩笑地和记者说，"我和700这个数字真的很有缘分，读书时校区的地标老和山有700个台阶，现在工作了，公司的股票代码恰好也是700。"

### 与腾讯优图结缘

腾讯的优图实验室是我现在任职的部门。我和腾讯优图结下这段缘分的起因可追溯到2015年的一次国际学术会议。当时我在会议论坛上报告自己的一篇论文。或许是被我创新扎实的研究成果及神采飞扬的演讲气势吸引，那么多人才里面，腾讯优图实验室的一位总监偏偏一眼就看到了我。我们两人在私下进行了一番深入的交谈后，这位总监毫不掩饰自己对我的欣赏，给我留下了他的联系方式，而我也从中发现优图实验室的研究内容与自己的研究兴趣相契合。2016年6月博士毕业后，在校招会上，我以技术大咖的身份被腾讯优图实验室招入，继续从事深度学习和图像理解方面的研发工作。

乍一听"人工智能""计算机视觉""算法""研究员"之类的词汇，人们往往会联想到一堆名称怪异的无机物、一串天书般的代码及一群面无表情的精英；稍微关注点时事的人，可能会立即想到那个热衷于打败世界顶级围棋大师的围棋机器人AlphaGo等。

然而，腾讯优图就是想要打破人们对人工智能的固有印象：虽然机器的物质外壳看起来冷冰冰的，但是技术人员可以用算法为机器编写并输入一颗火辣辣的心，让机器的理性智能真正服务于普通老百姓的日常生活需求。以此为宗旨，腾讯优图已经在社会公共领域展开了一系列有意义的探索，如利用AI寻找走失儿童、识别演唱会门口的犯罪嫌疑人、翻译聋哑人手语等，践行着目前腾讯公司倡导的科技向善的文化理念。其中，最令我印象深刻的是我与团队在医疗AI领域的探索，我曾以此为例，进行了名为《AI的温度》的主题演讲。

为了更好地将人工智能技术落地于医疗诊断，我实地调研了上海市的多家医院，对数名医疗从业人员进行了访谈，从中了解到当前医疗行业面临的巨大困难——癌症诊疗资源供不应求。一方面，无情的癌细胞不断入侵越来越多的人，在人体内加速扩张；另一方面，有能力与癌细胞对抗的医疗资源十分有限，往往是心有余而力不足。不过幸好，人心尚余，不足的人力就让AI补足。让AI成为保卫人类生命的新型医疗战士，赋予其拥有诊断筛查癌症的视觉智能，这是我及团队正在做的工作。以肺结节和糖尿病视网膜病变为例，我们首先需要对数千上万张病患检查图片进行分类，用双盲随机方法，由不同级别医生进行循环评分标注，完成上述步骤之后，再通过计算机视觉和深度学习技术，实现对病变组织高效、精准的判断筛查。目前，腾讯实现了对食道癌、宫颈癌、肺癌、乳腺癌等常见癌症的人工智能诊断，但这仅仅是万里长征迈出的第一步，对于罕见的癌症及除癌症外的更宽广的医疗领域，还需要更多的努力。

### 温暖的瑞雪大侠

谈起腾讯的企业文化，腾讯内部有一个叫作"瑞雪精神"的文化传统。"瑞雪"取自"瑞雪兆丰年"，意思是一场大雪之后，大地洁白一片，把公司内部不良的行为都去掉了，只剩下良好的行为方式。"瑞雪"不仅涵盖道德、礼仪，同时也包括腾讯人的职业行为和高压线禁区，号召大家不要占用公司班车准妈妈的座椅、不要逆乘电梯、不要在厕所抽烟、不要在午休时打扰同事休息、要文明排队等。如果谁插了队，或是在午休期间把键盘敲得噼里啪啦响，大家不会直接说这个人不好，但会说这是不瑞雪的。"瑞雪精神"的卡通形象——"瑞雪大侠"。"瑞雪大侠"是一只身着红色披风、头戴黄色斗笠、手持银色大刀的热血企鹅，它一刻不停地游走在腾讯内部，常常路见不平一声吼，行侠仗义，为维护人与人之间的和谐关系以及保存每个人心中的那份善意作出了巨大的贡献。

企业价值观与个人价值观是相互促进的。在这种企业价值观的熏陶下，我持续给人送去温暖。2020年年初，平时极少发朋友圈的我难得地转发了一条水滴筹的消息。那是一位曾经与我短暂共事过的同事，因实在难以负担亲人高昂的医疗费用不得已向社会求助。

无论做什么事，善用人心。我在学术研究中，对事物好奇，方能迸发出解决问题的热情；在进入社会后，善于聆听百姓的心声，方能利用自己的所学切实增进社会福祉；在个人生活中，与人相处时，常常体谅与关怀他人，方能让生活温暖如春。

**【教师点评】**

"兴趣是最好的老师。"人工智能研究领域纷繁复杂，彭某利用"病假"时间主动思考，发现自己感兴趣的研究方向并及时与导师沟通获得支持，充分利用学校提供的科研平台和资源，通过自身的不懈努力，取得在相关领域国际学术会议上作报告的机会，最终与该研究领域结缘并在顶尖的研究机构深耕于此。彭某的生涯发展经历表明，研究生特别需要避免迷失于繁重的课题和高压的氛围，明确个人的研究兴趣并坚定地执行好研究计划至关重要。

## 一亩彩稻田上的青春梦想

**【人物名片】**

邹某，浙江大学农业与生物技术学院2021届博士毕业生，在校期间选定大农业领域作为连续创业的方向，带领的彩色水稻团队项目获得了第五届中国互联网＋大学生创新创业大赛全国金奖等，并得到中央电视台、人民网、新华网等多家媒体广泛报道，毕业后进入农业领域的创业团队。

### 创业种子的萌芽

我出生于1990年，湖南衡阳人。23年的求学，终坚定大农业领域连续创业的方向。因为自己小时候在农村长大，经过12年的一路求学才从偏远的农村大山里走出来，来到了广阔繁华的城市，在经历了农村和城市的生活之后，我更能理解农民劳作的辛苦和不易，辛辛苦苦一辈子，却仍然过着为钱发愁的日子，或许在那个时候，我的心里就埋下了服务农业的种子。

高考志愿我报了农业类学校，我希望在改变自身命运的同时，也可以在自己学习农业的知识和技术之后为我国农业的发展贡献自身一分力量——让农民生活更幸福，让城市生活更美好。保送来到浙大后，直博一年级时，我便幸运地入选了"求是强鹰实践成长计划"，作为第12期的副班长，师从海亮集团原董事长冯亚丽老师，一年的学习中，冯老师说的"既要懂技术，又要懂管理"和"吃亏是福，吃苦是福"这两句话对我影响很大，至今受用。

研究生阶段，我除了加入两个创业类的社团"浙大求是强鹰俱乐部"和"浙大农业创新与创业联盟"之外，还在"和君商学院"产业创新班学习了一年，在掌握技术的同时还学习了管理理论；同时也结交了一群优秀而志同道合的小伙伴，有的甚至成了目前项目团队的核心成员。其实本科的时候一直有创业的想法，但一直没有付诸实践，直到进入浙大后，才逐步把创业想法落实到行动中，这离不开浙大这块创新创业的土壤，更离不开浙大浓厚的创新创业氛围。

### "一亩彩稻田"，逐梦田园间

在"浙大农业创新与创业联盟"担任副主席时，我有幸结识了做彩色水稻育种的吴殿星老师和做彩色水稻推广的张彬老师，并逐步发展成了师生协同创业团队的一员，也就有了"一亩彩稻田"项目的快速发展壮大。

在彩稻项目的运营过程中，我非常注重开阔自身的国际视野，并不断向农业创新创业领域的前辈学习。我到彩稻创意景观的"鼻祖"——日本青森县田舍管村学习调研，参加学校组织的以色列创新创业之旅，在去日本和创业之国以色列调研学习后，我更加坚定了自己创业并做好做大的想法。

我们的项目是国内首个将功能性水稻进行产业化推广应用的项目，邀请了袁隆平院士担任顾问，依托浙大农学院25年的彩色水稻研发经验，已成功培育了国际首创的兼具观赏价值和高营养食用价值的彩色水稻，目前已收集超过100个彩稻品种。

"一亩彩稻田"拥有一支强大的队伍，成员达30人，核心团队由来自农学、工学、社会科学等多学科专业背景的博士、硕士和本科生组成。通过生态种植高营养、高产值彩米，并为当地定制打造创意彩稻景观，吸引游客，发展旅游业，推动当地产业结构转型，帮助农民脱贫致富，实现科技和文化兴农，助力乡村振兴。

2015年至今，该项目已经推广到了全国20个县市，累计推广面积3000亩，累计增收6000万元。其中包括贵州台江县、丽水云和县、陕西汉中市等。目前这些县市已累计实现增收超1000万公斤。

### 不忘初心，继续前行

2018年，我有幸参加了浙江大学与云集集团联合开展的"乡村振兴千人计划"，从中获益匪浅。一是更加坚定了我在大农业领域连续创业的决心，无论是前景和机遇，还是一同前行扎根农业创业的同伴们，都给了我更强的信心和勇气；二是我结识了一群爱农业、懂农业、从事农业前辈，认识了农业领域或创业相关的老师和专家；三是我对农业领域创业理念、创业经验、创业配套知识和技能有了更多更深的了解。

对于乡村振兴，农业相关人才振兴是关键也是基础，特别是农业领域创业人才的培养。因为乡村振兴"产业兴旺、生态宜居、乡风文明、治理有效、生活富裕"五项总要求，最难实现的是产业兴旺，产业兴旺的前提和基础是农业领域人才振兴，因为农业产业的发展离不开人，更离不开爱农业、懂农业、从事农业的人。

对于未来，我想自己会更为笃定地在农业领域创业的道路上走下去、坚持下去，也会以新农人领袖的标准去严格要求自己，不断有意识地培养自己农业领域创业的综合素质和能力，不断提升自己、突破自己，去创造更多的价值。我也相信，富有创新精神的浙大农科学子将在农业创业的平台上做出更辉煌的成绩。

**【教师点评】**

邹某的创业路程源于内心对于乡村的归属，成为外在丰沃的创新创业资源。浙江大学创新创业氛围浓厚，心怀创新创业梦想的同学不妨好好利用校内实践教育平台，积极参与创新创业训练计划及大赛，正如邹某所言，在实践中坚定连续创业的决心、收获志同道合的创业伙伴，同时，对于创业理念、创业经验、创业配套知识和技能更深入了解，以赛代训、以赛促创，主动争取更多机会快速成长和发展。

## 把握机遇，问心无愧

**【人物名片】**

何某薇，浙江大学外国语学院2018届硕士毕业生，"国际组织精英人才计划（国精班）"优秀学员，曾赴世界卫生组织日内瓦总部烟草控制框架公约秘书处实习，参与国际劳工组织都灵培训中心青年领导力培养夏令营，并作为学生代表作结营发言。毕业后前往国际劳工组织都灵培训中心实习。

2015年9月，我加入了浙江大学外语学院"国际组织精英人才计划（国精班）"，与国际组织也结缘于此。回头来看，在外语学院的学习和在国精班的经历都一步一步指引着我，为成为国际化人才而努力。

### 了解中国外交

我本科为浙大外语学院英语专业，研究生专业为英语笔译。求学期间，关于中国外交的两次笔译任务让我印象深刻。数万字的中英翻译实践让我在很长一段时间内都与外交学中的词汇术语及固定表达打交道，查阅并积累其英文表述。翻译离不开相关资料的搜索和大量的阅读，由此我对中国近现代外交的历史和发展有了一定的认识，也萌生了对外交和国际政治的兴趣。

国精班系列讲座中，老一辈外交官及资深外事工作者的讲述充满了感染力。在此之前，我从未想过自己竟然可以与他们有面对面交流的机会。听他们将自身的生涯故事和职业经历娓娓道来，不禁觉得在多边国际舞台上为中国发声，是非常了不起的事情。

研一时，我还曾参加过国精班实践活动，随学生代表团到北京参访外交部、商务部、中国联合国协会以及中国维和警察培训中心。在我看来，参观国家部委、重点单位的机会十分珍贵。更难得的是，所到单位都组织了与学生代表团的座谈会，相关负责人讲述了单位的职能以及在多边国际舞台扮演的角色，与我们直接互动。当时的我只感受到中国参与国际事务的重要性和迫切性。如今回忆起来，更发觉国家对大学生的殷切期盼。

### 国际组织初探

2016年夏天，我参与了国精班与国际劳工组织都灵培训中心举办的青年领导力培养夏令营。其中的许多课程和实践都围绕着联合国可持续发展目标展开，增进了中国大学生对联合国的了解，培养了我们跨文化交际能力和领导力。期间我曾随团赴日内瓦国际劳工组织、万国宫参访，真正走近了国际组织。在结业那天，我作为学生代表发表英文演讲，给都灵培训中心项目负责人留下了深刻的印象。

2017年夏天，我结束了英国1+1硕士项目的学习。由于当时身在欧洲，有地理优势，我有幸被都灵培训中心负责人聘为项目助理，协助筹备2017年青年领导力培养夏令营。借此机会，我再度参访了国际劳工组织，并随团赴维也纳国际中心，参访了联合国工业发展组织。在我看来，参访不是走形式，而是一个难得的观摩机会。关于联合国及联合国专门机构的资料在网上都可查阅到，但当我真正去到那里，现场聆听工作人员的讲述，感觉还是很不一样的。

### 国际组织实习

在研究生阶段的最后一年，作为国精班优秀学员，我有幸被推荐到世界卫生组织日内瓦总部实习，分配的部门是烟草控制框架公约秘书处。我所在的团队工作内容较为多样化，其中不乏日常琐碎的工作，如起草或修改各类文件、管理网上文件共享平台、辅助进行对外联络工作等。除此之外，我也需随团队出席各种正式场合，诸如在秘书处举行的主席团会议，或是在万国宫及其他国际组织举行的国际会议、谈判等。前期需协助团队做好会议准备，期间观摩其进程。必要时，我需要记录会议或谈判要点并整理成文档，共享给同事。

实习期间，我曾负责校对秘书处正式出版物《为缔约方会议代表提供的信息手册》的中文翻译及排版。这本手册将提供给来自180多个国家参加缔约方会议的代表，有联合国六种官方语言的版本。由于日内瓦当地的美工团队并不懂中文，所以中文版初稿的字体、排版、句段划分不够合理。在这之前，我曾在世卫组织翻阅过一些出版物，时常发现一些刊物的中文版看起来十分别扭，字体、排版的视觉美感与其对应的英文版相比差了很多。于是，我逐字逐句地校对这份中文出版物，精确到标点符号；也亲自到日内瓦当地美工团队的工作室提供技术支持，希望能将这份印刷物的中文版做得尽善尽美，让中文读者能感受到这本出版物的诚意。

### 未来的路

2018年6月，我将再度赴国际劳工组织都灵培训中心，完成为期3个月的项目工作。在此之前，我从未想过我会第三次去往那里。当我2016年、2017年参访国际劳工组织和维也纳国际中心时，我也绝没想到一年后我会随团队参加国际劳工组织的理事会、赴维也纳国际中心参加第十届 United Nations Interagency Task Force on NCDs 会议。

在我看来，到国际组织任职相对其他行业的就职而言，规划的空间较小，甚至会充满偶然性。我十分感激过去的每一个机会，踏实做事、认真完成每一项任务，时刻做到问心无愧。在国际组织实习是一份宝贵而美好的经历，却并不能保证之后一定有机会在国际组织任职。但若想争取到国际组织任职，实习经历必将是一个重要加分项。我国目前正值大外交时代，国家鼓励大学生赴国际组织实习、任职，相信后辈们的机遇也会越来越多。

【教师点评】

一提到国际组织，大部分学生会觉得遥不可及。其实，"机会总给有准备的人"，细览何某薇的经历，她在语言和学科上的精进以及对外部资源的积极把握，最终促成了她一次又一次获得赴国际组织实习的机会。目前，国家出台了一系列激励保障政策，鼓励大学生赴国际组织实习任职；学校也在学习实践资源、政策、经费等方面提供了相应支持，特别是学校对国际组织人才培养基地的持续建设，能够给同学们提供更多与国际组织实习任职相关的学习实践项目，为有志于成长为国际组织人才的学生奠定更加坚实的基础。

## 做好选择就是对自己负责

**【人物名片】**

周某，中共党员，浙江大学电气工程学院2017届硕士研究生，曾获三好研究生、优秀研究生、唐立新奖学金、爱迪生班特优生等荣誉，参加节能减排、智能车竞赛获国家级、校级奖励，曾入选第二届中央国家机关大学生实习计划及浙江大学展翅计划，并赴人力资源和社会保障部实习。毕业后前往国家电网华中分部工作。

3月是凤凰花开的季节。每年3月，在求是园总有一批身着蓝色学位服的年轻人，或是三三两两，或是成群结队，在校园的角角落落收藏曾经生活过的足迹，因为这些年轻人即将离开这里，踏上新的人生征程，而我就是其中一个。

从2010年8月12日到2017年3月31日，江南杭城一梦七年，入梦时历历在目，梦醒时依依不舍，走过食堂，穿过球场，回到寝室……这一切普普通通的动作于我来说都成了奢侈，山高水远一江横，回首蓦然开新篇，如梦七年向天笑，而今迈步从头越。这次真的要离开了。

我的这个3月，听过最多的一个问题便是："为什么你后来去了国家电网华中分部，而没有选择腾讯？听说腾讯的产品培训生职位在互联网界都是赫赫有名，千里挑一。你是怎么考虑的？"3月的每天我都要很多次去回答这个问题，而每一次回答之后都让我多一次思考，每一次思考过后的我则愈加透彻。在我周围，大约有90%的朋友建议我去腾讯，因为当下这个社会工作的选择大多是以薪资为导向的，这也就印证了为什么每年华为在全国优秀的几所大学可以招揽非常多的人才。作为一个过来人，我想跟大家谈谈如何做选择，又如何去求职。

### 关于如何做选择

1. 刨根问底，了解自我

想清楚自己想要什么是做选择的基础。前段时间跟老师和朋友们聊起到底该怎么做选择的问题，很多有生活阅历的人都会说，做选择就看你自己想要什么样的生活，想成为怎么样的人。这个观点与我不谋而合。其实想明白自己想要什么，就是从结果出发，多去想想十年、二十年以后自己想要怎样的生活，就会有更明确的方向去做出当下的选择。

2. 生命有限，价值无限

工作的薪资重要吗？很重要，只有在解决最基本的温饱情况下才能够有更高的追求和理想。有一句话我很赞同，当你回首往昔之时，你会发现享受并不是那么重要，自己存在的价值才更重要。因为人的一生匆忙短暂，留下点能够去传播的正能量会非常有意义。以前别人问我的梦想，我说我没有明确的梦想，因为自己的名字很简单，所以重名很多，我只希望有一天大家在用搜索引擎输入我的名字之时，关于我的能够占到大多数，这就说明我成功了。但其实不然，真正的成功需要有更大价值的支撑。

3. 目光长远，着眼未来

"天下大事必作于细，天下难事必作于易。"很多朋友都问我，"你在杭州待的时间长了，会愿意去武汉吗？"其实在东部待久了，内心总会觉得中西部任何一个地方或多或少都夹带着一些落后，而往往名校都在最好的城市。当我们这些大学生都这么考虑问题时，那国家是没有未来的，因为最需要人才的地方愈加难以发展。成大事者一定是从基层做起，成大业者亦一定是从奋斗和吃苦中成长，因为我克服过别人没有经历过的煎熬。

4. 投己所好，兴趣导向

很多朋友在就业季找工作，觉得哪里工资高便去哪里。但多年以后，由于行业自身的变化，国家政策的调整，总是会出现行业的兴衰交替，因此一个人只有真正去选择自己喜欢做的事情，才能够更加长久地快乐工作。记得有位老师曾经跟我聊起她的体会和感受，这个社会的未知因素太多太多，任何人选择的任何行业，今天的努力都不能保证明天就一定能够有成果，也不能说没努力就一定庸碌，重点在于去做自己喜欢做的事情，再能够去把握住机会，才能够一生保有奋斗的激情，这才是生活的意义。

5. 影响他人，慎重抉择

要知道人总是容易被贴上标签，就像取名一样，每个人都有一个符号，方便别人去辨认、去认识。所以每个人取得的荣誉也好，身份也罢，都会成为一种标签。我有幸荣获了"浙江大学十佳大学生"的荣誉，很多朋友便会关心我的选择，因为我的选择也确实动摇了一些人。前段时间有个想去咨询公司的朋友隔三差五就和我约饭，吃饭间总是聊起关于工作的选择，后来我的选择也成为他放弃高薪工作的一个原因，最终他选择成为一名基层选调生。

## 关于面试经验

聊完如何做选择，我想和大家分享我的面试经验。我的大学七年尝试过各种各样有趣的事情，因此也经历过各种类型的面试，同时也面试过很多人。面试其实有很多好的方式方法，也有很多注意事项。如何能够做到百里挑一，甚至千里挑一也能过关，我认为最重要的是如下三点。

（1）积累不是一步完成的，简历不是一蹴而就的。蝴蝶效应在我们每个人的身上体现得淋漓尽致，任何一件小事都有可能改变你的下一步发展方向。因此，简历一定要有干货，而这些干货都是平日里的积累。任何一家企业和招聘人员都非常看重个人以前的经历及结果，从中不仅可以反映一个人做事的能力，更能反映出一个人的品质。就像一个学生，当你获得一个小的奖励之后，你才会追求更大的奖励，你也会比别人更有可能获得大的奖励。因此，只有日积月累，抓住当下，珍惜大学生活，才能让自己更有料，让简历更充实。简历也不是一蹴而就的，从刚入学就应该树立简历意识，当有值得说道的事情之时，就将个人简历更新充实和完善。我的电脑里就有自己曾经制作的很多简历，从中能看出修改的日期和不断变化的内容。

（2）扎实的基本功重要，但能说会道亦不可少。在我大大小小的面试经历中，碰到过形形色色的人。有的人能力很强，积淀也很深厚，但却讲不出来自己的优秀，在表达能力上非常欠缺。其实面试就是这样，当你有100％的料，你最好能讲到120％；往往不会回答问题的人只能讲出80％。在回答面试问题的时候一定要注意逻辑性，逻辑性体现在针对招聘人员的每一个问题都能够有条理地用几个点来概括自己的答案。一个有逻辑的人会让招聘人员觉得是一个稳扎稳打的比较有想法的人。

（3）面试过程中，真诚最重要。俗话说"心诚则灵"，面试中的真诚是非常重要的，我相信面试者的阅历和能力达不到招聘人员识人的高度。作为一个招聘人员，他所面试过的应聘者可能比你见过的人还要多，因此一定要做到真心诚实，不要去虚假地夸大自己在事情中的作用，同时真诚也体现在交流中的眼神与肢体动作以及言语间透露出的对这份工作的执着与渴望。"选你所爱，爱你所选"，当你选择去面试一家企业的时候，一定要真诚地去了解这个企业，同时在面试中将最真实的自己展现出来，因为它可能就是你未来的用人单位。

最后，我想用一句话与每一位在求是园里逐梦的学弟学妹共勉：愿大家在求是创新的路上兢兢业业、砥砺前行，亦愿若干年后不负"浙大人"这个无上光荣的称号。人生有时候没有多高大上的愿景也不要紧，只需要以"踏石有印、抓铁有痕"的态度去完成每一件事情，即是当下会走些许弯路，但一定能迎接拥有无限可能的未来。也祝各位在未来的求职道路上一帆风顺，实现自己的期许。

**【教师点评】**

周同学用朴实无华的语言详实地展现了自己择业—就业的心路历程和经验体会，先是明确选择这个行业职业的深层次动机，再是理清个人与之匹配的能力与价值。所谓"知己知彼，百战不殆"，求职是一个双向选择的过程，在清楚了理想的工作是什么类型之后，还要考虑自身具备怎样的技能和素质来胜任这项工作。当然，个人素质与能力的培养都不是一蹴而就的，需要持之以恒地积累和奋斗，需要以"踏石有印、抓铁有痕"的态度去行动。

## 做一个"顶天立地"的记者

**【人物名片】**

裘某华，2000年本科毕业于浙江大学新闻系，先工作于新华社西藏分社，后回到浙江，现任新华社浙江分社副总编辑，从事过对外、经济相关报道工作，现从事政文报道。

2000年，在本科毕业即将前往新华社西藏分社前，我问黄旦老师："学生即将远行，您有什么话要告诫我的?"黄旦老师引用前辈范长江先生说过的一句话："做一个顶天立地的记者。"

2018年，在《我的大学——浙江大学开办新闻教育60周年纪念文集》中，我这样评价当时的这段对话："虽不能至，但心向往之，这句话我会一直记着。"

在投入新闻行业近20年的工作当中，我也一直在朝着这个目标奋进。

### 去西藏、去基层，我从未后悔

我出身农村，打小就比一般年轻人能吃苦；又因为在求学路上得到老师的赏识与指引，我在本科毕业以后选择前往新华社西藏分社进行工作。这条路在一般人看来充满挑战，个中滋味，不言而喻。但在我看来，在西藏的四年时光，对我工作经验的累积与人生阅历的丰富起到了至关重要的作用。而"简单"二字，是西藏的生活带给我最大的改变，"在西藏的那几年，跟人交往也好，做事情也好，都不需要那么复杂。而同时，自己的世界观乃至生死观都变得更纯粹。"

拉萨与杭州——处在地球上同一纬度的两座城市，我一直是他们的记录者与传播者。然而相比之下，这两座城市的新闻环境却大相径庭。在西藏时，除了日常的新闻采写，新华社西藏分社所发的稿件多面向海外，需要肩负起更多的政治责任与社会责任。因涉及宗教、民族问题，我需要深入基层进行大量的走访调研，向外人展现真正的中国西藏是什么样的。当时我在西藏时，一共是大概260万人口，没有浙江的一个县人口多，新闻报道节奏不快，信息量也没有那么大，但是稿件的内容与质量需要严格把关，这对培养我的政治感与责任感起到很大帮助。总之，去西藏的这几年，我从来没有后悔过。

### 做记者的过程是锻炼发现力的过程

在新华社浙江分社新媒体中心网站上，我有一个自己的评论专栏，在当年的专栏介绍上，我这样写道："搞过对外、经济、现在从事政文报道，什么都不精。"在外人看来，即使作为新闻专业科班出身的我，也像是在用"新闻无学论"自嘲了一把。但我却不这么认为：在我看来，没有一个职业在生涯开始前五年的发展能够超过记者这个行业。因为我们每天都接触大量的信息，接触不同的行业。我们在和每个人交往的过程当中，就是在跟每个人进行学习。我之所以会说"什么都不精"，是因为在当记者大概五年以后，会出现本领恐慌。觉得自己什么都会一些，又什么都不专业。而这个时候，是最需要我们调整心态的时候，在已经掌握了一定程度的信息之后，要开始向某一个方向转型。

对于我来说，从调查记者慢慢转型为评论型记者，就是我的主攻方向。从开始在新华社西藏分社工作，到后来回到新华社浙江分社工作，我认为再继续采写一般的新闻无非是"信息的堆砌"，而记者真正需要训练的，是"发现力"。

纵观改革开放40多年来传媒业的发展历程，技术的进步固然推动了整个行业的发展，但我认为能够使记者保持专业性最重要的实质正是发现力。媒介的融合并不代表记者失去了专业性，正如习近平总书记提到的媒介融合实际上是人的融合，而人的融合很大程度上是观念的融合。如果只是信息的搜集编辑，我们很容易被人工智能所取代。当一条信息摆在面前时，你怎么样思考与深入，怎么样全方位展现它，是记者运用发现力的过程。只有积极下基层调研，善于在生活中发现，才能让新闻记者所生产的内容成为一个精神产品，而非一般的信息堆砌。"

### 时事"裘"势，主流价值观的引领需要我们

2018年，我的新闻评论集《时事"裘"势——一名高级记者的十年观察》出版。为何取名与"实事求是"谐音的"时事裘势"，我认为这是自己新闻理念的体现，评论多为结合新闻时事而写，我希望探寻新闻事实背后的"势"与"理"。新闻记者手中的笔虽小，时事评论的文章虽短，但在关键的时候，却是撬动社会进步和公平正义的大杠杆。

我的这本新闻评论集，一定程度上也确实达到了我所期望的效果。2014年4月4日，我对宁波奉化塌楼事件的评论文章《还有多少"未老先衰"的楼房》引发全国对危旧房的关注；2015年10月2日，我所撰写发表的社评《千万不要占用"生命通道"》引发全国为期三个月的高速公路应急车道整治；评论文章《住宅用地使用权"撞限"呼唤顶层设计》，引起高度关注。一些评论文章诸如《"一年1068个会"暴露形式主义积习》入选2013年公务员考卷政治题，《浙商需要怎样的新时代精神》"押中"浙江省高考语文作文题等。这些优秀的新闻评论是"文以载道"，即作为记者，应文以致用，应该为推动社会进步而努力；而作为新华社记者，笔下有财产万千，笔下有毁誉忠奸，笔下有是非曲直，笔下有人命关天，因此作为记者必须要有公心。

对于改革开放40多年来中国社会的变迁，没有哪一个时代像当下的时代更需要主流传媒单位引领主流价值观。我们经历的时代是高度压缩的时代，把人家几百年发展才取得的生活压缩到40年内。这种高速发展带来的压迫感与离心力，需要我们这些记者高举主流价值的旗帜。对记者来说，对于社会上发生的事，实地调查，多做思考。

切不可人云亦云，让子弹飞一会，这个时代的主流价值观需要我们去观察、把握、引领。

**【教师点评】**

"做一个顶天立地的记者",坚定崇高的职业理想激励着裘某华在自己选定的新闻领域深耕细作,兢兢业业、勤勤恳恳。正是20多年如一日对记者公心的坚守和对"文以载道"的追求,让他不论作为调查记者还是评论型记者,都做出了突出的业绩,很好地履行了主流媒体记者引领主流价值观的职责。

## 许一片"丹"心在科研

**【人物名片】**

吴某,浙江大学生物医学工程专业2009届本科毕业生。海外求学归来后任浙江大学生物医学工程与仪器科学学院"百人计划"研究员,并被浙江大学医学院附属第一医院兼聘。2019年入选《麻省理工科技评论》"35岁以下科技创新35人"中国区榜单(Innovators Under 35 China)。

### 起航浙大,结缘生仪

我已经在生物医学工程领域钻研了十几年,谈到自己高考考入浙大后一路的学习、科研历程,眼中仍然闪烁着兴奋的光芒。

2004年,我被浙江大学生物医学工程专业录取。真正开始学习生物医学工程专业后,我越来越能感受到本专业的魅力。专业课堂上,老师会注重知识的阐发和糅合,硬件课程、软件课程、生物医学课程等专业课程丰富全面,"能学的东西多"成为我对生物医学工程专业的最初印象。

凭着自己一直以来对医学的热爱及执着的性格,我在浙大潜心专业学习,最终为日后科研之路打下了坚实基础。最令我难忘的就是我的本科毕业设计导师封洲燕教授。封教授是完全沉下心来做科研的学术派。在电生理信号学生项目中,封教授主动承担了动物实验、数据整理等前期准备工作,让学生完成真正锻炼技能、提高知识的算法部分,这让初涉科研的我尝到了"甜头",这份启蒙之恩,也激励我在科研之路上不断前行。

### 科研之路,虽苦犹成

2009年,我以全专业第一的成绩从浙江大学毕业。科研的魅力深深吸引着这颗年轻的心。出国深造,继续走生物医学科研之路成了我必然的选择。

凭借出色的表现,我进入全美排名第一的约翰霍普金斯大学生物医学工程系继续深造。在这里,我不仅先后完成了该专业的硕士、博士学业,而且拿下了电子与计算机工程硕士学位。

攻读硕士学位时，我的主要研究领域是神经工程，也在该方向发表了若干学术论文。博士阶段之初，系里给了我在各个实验室轮转的机会，当轮转到一个做磁共振成像的知名实验室时，我被这个领域深深吸引了。磁共振成像技术非常需要学科融合能力，我需要掌握物理学、计算机编程、医学等方面的相关知识，以此完成对磁共振序列的控制。跨专业的综合性学习，虽然极具挑战，我却乐此不疲，不断汲取新知，不断在新领域里做出突破。

功夫不负有心人。海外求学期间，我就已经获得了丰硕的科研成果。博士毕业后一年多的时间里，由于表现突出，我迅速晋升为约翰霍普金斯大学助理教授，并在两年内以课题负责人身份连续获得美国国家卫生所 R21、R01、R03 基金支持（资助总额约 240 万美金）。我研究的具体领域是磁共振成像技术的研发以及技术在脑疾病和脑发育中的作用。我开发了三维高分辨率弥散磁共振成像序列，实现了高场活体大脑成像的超高成像分辨率，在全球居领先地位，该序列在全球十余个知名实验室得到推广。此外，我在时域弥散磁共振的成像、建模、应用方面的工作在领域内起着引领作用，通过该技术解析脑组织的微结构与病理变化，为疾病的检测提供了"无创的病理信息"。

我在影像领域顶级期刊发表 SCI 论文 40 余篇（第一及通讯论文占 3/4），国际会议论文 50 余篇，国际大会口头报告 10 余次；申请国内及国际专利近 10 项。

多年国外发展的经验，我感受最深的就是"把眼前的事做认真"。科研之路上总是遍布困难，但我总能坚持下去，心无旁骛地做好眼前的事，这种精神让我攻克了一个又一个科研难题，实现了磁共振成像领域许多从无到有的突破。

### 学成归国，丹心不改

2018 年，我以首席科学家的身份获得 R01、R21 等课题资助时，已在美国度过了近十年的科研岁月。继续留在美国，我不久就可以晋升为约翰霍普金斯大学的副教授了。但是，我选择回到祖国。

近些年，国家充分重视医疗影像行业的研究，国内磁共振产业发展势头良好。在国家渴求这方面人才的关键时刻，我放弃了在美国的晋升机会，回到祖国，回到浙大。

我出国的初衷就是学成之后回国，把事业发展在自己的祖国，只不过是选择在怎样的时间点回国而已。

随着国内磁共振产业迎来发展上升期，我的科研事业也再创新高。回国后，我调整了科研方向，在博士期间，我技术研发的应用对象主要是基础科学和动物模型，如今我科研的关注对象是临床，把前期开发的技术转化到临床脑疾病的检测。我基于浙大的脑影像中心平台，我研发了适用于临床的时域弥散磁共振成像序列，将它应用于临床的缺氧缺血脑病、肿瘤等疾病检测。还填补了国内胎儿大脑成像的空白，致力于克服胎儿运动伪影强的难题，成功实现了胎儿大脑的弥散成像和早期发育研究。

回到浙江大学任教后，开始与浙江大学医学院附属儿童医院和浙江大学医学院附属妇产科医院等取得合作，将弥散成像和胎儿大脑成像等关键技术转化到了适用于临床的3T成像系统，积极推进其临床应用。回国一年半的时间里，我已主持国家自然科学基金委的青年课题、面上课题、重点课题子项目及科技部国际合作重点研发项目。

我希望自己能像曾经帮助指导过她的导师们一样，去培育后辈成为合格的科研者。我的团队正在积极吸纳磁共振成像方面的可造之才，相信在未来，我一定能带领团队在科研领域做出更大的贡献。

**【教师点评】**

正如案例中提到的，"能学的东西多"是吴某对生物医学工程专业的最初印象。其实，大学里的任何一个学科专业，同学们只要秉持勤奋好学的心态，能学的东西都有很多。进入大学学习伊始，同学们有时可能是因为不了解才对自己所学专业无感。建议大家在低年级时就能够争取更多深入接触了解专业的机会，了解学科的发展方向及探索自身潜能。吴某在学业和职业生涯发展中，把"小我"融入"大我"，胸怀"国之大者"，用自身选择践行了青年学子出国深造后心系祖国、报效祖国的家国情怀，成为当代大学生身边的好榜样。

## 专业是最可依赖的实力

**【人物名片】**

陈某慧，浙江大学教育学院公共事业管理专业2016届本科毕业生，曾取得全国大学生运动会第五名，在校期间多次获得专业第一，曾获全国"挑战杯"移动互联网专项赛金奖、浙江大学竺可桢奖学金等。秉持求是学子的家国情怀，积极响应并践行国家号召的"大众创业、万众创新"。

就在 2017 年 4 月，我还在忙前忙后和资本方进行最后的对接，商讨一笔千万级的融资。此时，"跃动客"项目的市场估值已经突破亿元大关。

2015 年 9 月，刚刚拿到 150 万元种子轮融资的我正式成立了杭州舒跑网络技术有限公司，凭借作为一个运动员在体育行业十多年的积累，辅以我在大学期间在互联网技术领域做创赛积累的经验，我开始尝试做一款线上约体育教练的 App——"跃动客"，就在那个移动端应用在各大资本眼中是追逐热点的时候。

2016 年 11 月，我投资建造自己的教学场馆，并将第一家线下的场馆定址在杭州西湖文化广场。2017 年 1 月，"跃动客体育"西湖文化广场总店正式开业。自此，总店平均每个月都会迎来数百组受邀家庭的体验。截至 2017 年中，"跃动客"已经拥有五家线下门店。

目前"跃动客"依然在继续开发优质的课程。我相信，体育带给青少年的绝不是"头脑简单，四肢发达"，而是全身心的健康，是意志力、合作能力、学习能力等多项能力的综合提升。

**预备：蕴藏厚积薄发的力量**

我想要成为"浙大的优秀学生"，为此我给自己定了一个"小目标"，那就是成为"浙大最努力的人"——早上最早起床、晚上最晚休息、平时最充分利用自己的时间。正是因为这样的努力，我的成绩连年名列前茅，获得了浙大最高荣誉奖项——竺可桢奖学金。

我在创业这条路上也不甘落后，担任校内多个学生创业社团负责人，参加"全国挑战杯互联网专项赛"，和团队成立网络科技有限公司……丰富的比赛和创业经历让陈文慧对"学习""创业""体育"都有了独到的认识。我认为"体育难于创业，创业难于学习"。不同于学习，"创业不是通过努力就能够成功的"，如果创业方向、盈利模式或商业模式中的任何一个环节不对，都会失败。不同于"只关注冠军"的体育，创业给人的可能性更多——即使做不到行业第一，只要能实现盈利，它就有生存空间，就有机会逐步成长。思考再三，我果断放弃了利用全国"挑战杯"金奖申请保研的机会，放弃了网易、百度等好几家公司投来的"橄榄枝"，拿出破釜沉舟的魄力来全身心地投入到创业之中。

**起步：创立跃动客**

1. 找到细分市场

决心创业的我认真地分析了自己管理、法律和体育的背景，我认为自己有着在体育行业沉淀的十余年认识，管理和法律知识又能协助自己的企业管理，因此在体育行业方向创业是最佳选择。

我深入分析体育行业各大领域的现状后，最终选择切入大众健身领域，这个是与自己目前的能力和资本实力最为契合的板块。2016年，国务院办公厅印发《关于加快发展健身休闲产业的指导意见》，指出要推进健身休闲产业供给侧结构性改革，提高发展质量和效益，培育壮大各类市场主体，丰富产品和服务供给，不断满足大众多层次多样化的健身休闲需求。政策环境良好，市场就充满了激烈竞争，故而对于创业者而言更需要找到自己的核心竞争力。

我选择了"4～16岁的青少年"作为自己的目标客户，我十分看好中国的青少年体育教育市场。在竞技体育方面，中国青少年体育教育比外国更加有竞争优势。这点从大型赛事的比赛成绩就可以看出。在很多大型国际体育赛事中，中国青少年运动员的成绩非常好；但相比较成年组的成绩就差很多。除了想要切分这块体育市场的"大蛋糕"外，我还希望通过自己的努力来改变国民体育素质教育太松散这一现状，打造全新的"青少年体育教育模式"，把体育中最有价值的一面呈现出来。

2. 寻找合伙人

"所有的行业中最有效的壁垒是拥有一个优秀的团队。"这是我的信条，也是我正在实践的原则。寻找合伙人的过程，就是实现我对团队认知的过程。先明确自己公司发展的短板是什么，然后四处寻找行业中有丰富经验的人，最后直接去找这些人当面沟通。

凭借"找对应行业精英，弥补自身短板"的逻辑，我邀请了越来越多的精英，逐步组建了一支能力互补的高效团队——六位创始人中，既有来自外企并有成套营销模式的销售合伙人，又有体育培训教学经验丰富的教学总监。

### 探索：博弈中找到的商业模式

我不断地探索最适合的商业模式。从一开始与学校建立合作关系，再到租借体育馆，这些模式都在实践中被一一否定。直到2016年11月，我开始花钱投资一些自建场馆，在全面分析和逐步筛选中将目标瞄准到市中心的商业区。

2017年1月，跃动客体育（西湖文化广场总店）正式开业。开业之后，总店每月的营销额在50万以上，平均每个月会有几百组家庭受邀来总店参观。良好的发展态势也助力我近期拿到一笔千万级融资。

尝试过各种模式后，我发现，线下自营的模式是最适合的，因为它的商业化和可复制性都是最高的。一方面，线下自营的场馆模式能够保证"跃动客"课程的质量，提供更好的个性化教育方案；另一方面，线下自营的模式能够使得"跃动客"未来进入不同地区市场的时候更加方便。如果我今天带着"跃动客"的项目到上海、到北京，即使我们没有市场化的人脉和资源，我们也可以通过地推等市场化的行为去推广。

### 现状：自洽的课程体系

经历了反复改革和迭代，今天的"跃动客"已经有了自己的完整体系。目前，"跃动客"拥有五组针对不同对象设置不同内容的课程，分别对应从幼儿到初中不同年龄阶段的学生，根据目标对象配备相应的优质教练。"跃动客"既提供日常课程也提供冬夏两季的集中训练，能满足客户的不同需求。

### 创新：发掘新价值

我把体育教育理解为三个层次。第一，体育技能的培训，就是为了各类体育赛事等竞技性目的而进行的体育教育，是体育中最为"不值钱"的部分。第二，体适能训练，包括身体协调性、柔韧性、灵敏性等。不同于第一层次，这些体育锻炼是帮助人们维持身体健康的重要因素。第三，礼仪文化培养和体育精神的塑造，这是体育中最有价值的一部分，但是往往也是最容易被忽视的部分。

我希望能够通过"跃动客"这样一个平台，将体育中最有价值但是还没有被人们重视起来的这一部分发扬光大，让来到这里的每一个孩子能够在体育活动中锻炼出自己的优秀品质，为他们的人生之路打好基础。

### 创业者说

回顾自己的创业经历，我对创业新人提出几个建议：

首先，要建立一支"互补"的团队，实现"1＋1＞2"的效果。其中最重要的是要考虑成员之间在知识、技术、能力或资源上的互补性，充分发挥每个人的潜能优势。

其次，要注重团队的管理。当企业发展到20多人甚至更多时，有一套好的管理制度就是企业存活下去的内部保障。

最后，一定要重视企业文化和精神。明确企业文化和精神能够帮助公司确定发展方向，找到价值观高度契合的员工。"跃动客"有一支信奉相同价值观的团队，这样才会有超强的战斗力，才能够在创业的艰辛道路上并肩走下去。

**【教师点评】**

成功的创业项目并非一蹴而就，成功的创业者也不是"纸上谈兵"。陈某慧的成功得益于学生时期多个创业项目积累的经验、敏锐的市场洞察力以及团结协作、优势互补的团队。当然，敢于破釜沉舟的魄力和勇气也必不可少。在传统创业已逐渐湮没的时代，期望有更多受过高等教育熏陶并掌握高新技术的大学生能够像陈某慧一样充满创新精神，积极发挥专业优势，投身时代创业浪潮。

## 在完成之时开始

**【人物名片】**

刘某，浙江大学外国语学院 2018 届本科生，辅修金融，在校期间曾任泛长三角地区模拟联合国大会中任 UNCF 委员会主席（2015），获得国家留基委资助赴法国巴黎政治学院交换学习。毕业后前往中华人民共和国外交部工作。

2014 年，我通过保送考试进入了浙江大学。在过去四年的本科生活中，法语学习始终是我的生活主旋律。我热爱语言，但不想将学习的领域局限于此，于是辅修了金融专业。为了丰富自己的课余生活，我还作为外院学生会文艺部部长先后成功组织策划外文歌曲大赛、国际文化节开闭幕式、民族风情展等活动。暑期时，我也曾在参加的夏令营中担任讲师，主讲"法国语言与文化"和"美国政治与外交"两门课程，与来自全国各地的学生进行思想碰撞。从高中开始，我就加入了模拟联合国社团，关心各类世界发展的议题，在 2015 年浙江大学泛长三角地区模拟联合国大会中任 UNCF 委员会主席。正是在这些课外活动中，我拓展了自己对"世界"这个大概念的理解。我曾与来自世界各地的朋友们欢聚，也曾与不同性格的朋友们商讨。在和更多人的思想交流过程中，我愈发感受到就业选择的多样性，开始用一种更立体的角度去思考就业。

### 通过咨询访谈明确职业选择

首先要确定的是职业的大方向。我始终希望今后从事与所学专业相关的职业，最好可以运用到法语和金融两个专业的知识，因此开始考虑是否要进入外交部工作。有朋友曾经听到"体制"二字就敬而远之，认为"体制"就意味着"保守""束缚""限制"等负面含义。但实际上，这是一种标签化的思维。在考虑的过程中，我也和一些曾经在外交部工作，或者曾与外交部工作人员打交道的前辈讨教咨询，了解到外交部的生活也并不如外界所传那样单调死板。外交部是一个机构组织完整的部门，不仅可以运用语言知识，还可以通过不同职位的轮换机制锻炼自己的综合能力。此外，在驻外期间，部内成员获得更多的是拓展生活边界的机会和与广阔世界交流的平台。其实，无论是在体制内还是体制外，边界永远都是自己加之于自己身上的束缚。体制内也卧虎藏龙，每个人在平凡的岗位上都不止有一面的优秀。无论是国企、私企、外企、创业……，每种选择也只是意味着在不同的规则下尽力做到最好罢了。

### 外交部的工作是抱负也是理想

进入外交部工作在许多人的眼中是一份很好的职业选择，但是在选择之前，我也经历了很长时间的踌躇。因为从事外交工作，可能意味着长时间的驻外、繁杂辛苦的工作、昼夜颠倒的作息等。光鲜和成就感是事实，而待遇不高与生活压力大也是事实。因此在决定参加考试之前，我的确思考了种种因素。最终让我下定决心的是外交部工作人员来到我校召开的宣讲会。在会上，宣讲干事的详细介绍让我认识到，这份工作不是简单地用薪酬、工作量等指标去衡量的，而是一种在更高的平台上眺望世界的抱负，一种在脚踏实地中保卫国土的理想。这促使我做出决定，"去考吧！"

考试是五月份在北京进行，内容与政治时事联系紧密，也要考核外语基础水平和考生的随机应变能力及心理素质。在通过了外交部的笔试和面试后，还要前往北京参加体检和心理测试。在这些测验全部合格后，会收到外交部发来的认定为定向培养生的信函。

### 幸运之余保持警醒

之后，我申请到国家留学基金委的奖学金赴法国巴黎政治学院交换学习，在法期间我也保持勤奋和好奇。在外交流是一个很好的自我反省、自我完善的经历，可以把自己与日常普通生活拉开一段距离，然后看一看存在怎样的问题。当看到了自己曾经生活的局限性，我坚定了进入外交部的想法。在年轻的时候，有机会开拓视野、磨炼自我，是一种幸运。而由于幸运地考上，我也始终保持心中的警醒，知道专业能力是个人发展和提升的核心，因此也始终保持学习的强度和频率。现在，我多次接待来校外宾，曾为成都市旅游局、杭州市政府、杭州市欧洲艺术馆等多部门做专业口、笔译，并通过参与为浙江大学出版社翻译《米开朗琪罗传记》一书，不断磨炼自己的专业能力。

当下的时代，是一个大学生可以进行多元化选择的时代。任何选择都是合理的。建议同学们在大学阶段可以多尝试不同的活动，多与不同领域的人物交流，找到自己的兴趣，明白当下的需求，制定生涯发展目标并脚踏实地去执行。回头看一看四年的大学生活，大多数时间里我都是忙碌的，在专业课程、辅修课程、课外活动和社团工作中辗转，长时间抱着电脑和书本泡在图书馆里。虽然当时觉得很辛苦，但现在依然珍惜那样的生活，并觉得很值得。年轻的时光太美好又太短暂，多给自己一点紧迫感和压力没有什么不好。时至今日，我也不认为外交部的工作是职业追求的终点，相反，这只是一个新阶段的起点，一个要求我更加努力向上探索、更加深入探访世界的起点。我还需要探索自己的可能性。未来可能会充满变数，但是只要胸中有方向有热情，每一天的生活本身就是在前进。

**【教师点评】**

刘某的求职过程思路清晰，一切看起来都很顺理成章。她在认识自我的同时，也非常好地利用了外部资源，如学校内社团朋辈之间的交流以及出国实践走访，多方位开拓视野，并在择业过程中通过专业咨询进一步明确就业选择，在"感受到就业选择的多样性后，用更立体的角度去思考就业"。正如文章的标题"在完成之时开始"，内心时常保持警醒，不因短期目标的达成而懈怠，不断在新的起点持续保持前进的动力尤为重要。

## 拼搏的青春最美丽

**【人物名片】**

吕某，浙江大学材料科学与工程专业2017届本科毕业生，在校期间，参加了浙江大学学生三农协会、求是潮等社团及学生组织，曾赴贵州省黄平县及广西壮族自治区河池市宜州区社会实践。获浙江省物理竞赛二等奖、优秀学生一等奖学金、校级优秀毕业生等荣誉。毕业后前往新加坡国立大学化学系攻读博士学位。

在2013年的夏天，我如愿以偿地拿到了浙江大学的录取通知书。和很多同学一样，在入学前我没有明确的人生规划，因此，抱着一种忐忑而又兴奋的心情踏进了求是园。而现在，四年的大学生活即将走到终点，我一直在思考大学四年给自己带来了哪些改变。从高考完懵懵懂懂的少年，到现在内心逐渐开始坚定的自己，感谢母校提供的广阔的平台和丰富的资源，让我可以在求知摸索的过程中找到属于自己的出口。

## 学习与社团并行

大一的秋冬，按照自己的兴趣，我加入了浙江大学学生三农协会，开始加入公益活动组织。对于刚进大学的我们来说，那半年学业压力真的蛮大，课程多，很多都是从零开始。在学习和社团中，我并没有平衡得很好，依然记得很多时候都是在前一天才完成相应的作业，也记得在很多次的深夜，剪辑着当天拍摄的视频片段。如何合理地安排自己的时间变成了最大的问题。迷迷糊糊中度过了在浙大的第一个学期，最后的成绩也不出所料地平平庸庸。

第二学期开学之前，我决定开始改变自己的学习状态，把这种被动的状态化为主动。我开始把学习放在第一位，于是我一有时间就会去图书馆自习，自习的第一件事情就是背单词（为了弥补英语的短板），背完单词再做其他的事情，我大概用了一个多月的时间背完了大英四的单词。我发现自己一旦可以解决好学习的问题，做其他事情的效率也会提高很多。社团的事务也开始变得更有条理，最终我留在了三农协会当中心副主任。这半年的成绩相比上学期有了进步。另外，出于对化学的兴趣，我选择了材料科学与工程专业，这不仅是一门科学，也是一门可以应用的科学，这正是材料科学与工程吸引我的地方。

2014年的暑假，我随着社团组织的队伍赴贵州省黄平县进行社会实践，我所在的调研小组深入当地的一个村庄，了解其发展现状以及存在的发展瓶颈等问题。白天我们采集信息，晚上我们一起开会讨论、上网查找资料。社会实践给我的最大感触是，我们不是简单地反映一下那边的情况，而是可以结合我们大学生的一些想法和思维，去提出建设性的意见和建议。我们虽然只是一介书生，但是依然可以做一些实实在在的事情。

大二时，由于高估了自身的水平和时间管理能力，我又加入了求是潮视频团队。两个大社团的繁重任务让我很少有自己的空闲时间，也时常在质疑自己的选择。现在依然清晰地记得，连着八个星期的周末都被排得满满的，而且在那个时候已经开始去班主任的实验室从事简单的制备实验。过多的任务搞得自己时常晕头转向，学习效率极低，白天也提不起精神。大二状态低迷的经历教会我不能简单复制别人的路，而是要学会寻找一条适合自己的路，要结合自己的实际情况去安排自己的学习实践计划。

大二下学期我开始参与 SRTP 项目，我和室友组队一起进入了班主任所在的课题组，利用周末时间，从最基础的制备做起，到后面的测试表征。我开始逐渐熟悉实验室的生活，这对于之后大三的实验生涯有很大帮助。

### 摸索中坚定未来

大三时，我来到玉泉，专业课占用了大部分时间。我想改变前两年学得似懂非懂的状态，开始重视起所有课程。这些专业课是我迈入材料科学领域的第一步，取得的成绩让我逐渐有了信心。在 SRTP 完成得差不多时，我报名了省创，进行了制备难度更高的一项金属间化合物合成的实验。制备过程常常是一做就是一整天，需要投入很多的时间和精力。很多次都觉得这个实验很难进行下去，但是我心里始终觉得，多学一些东西总是好的，多学一个仪器的操作，多学一种制备方法，这在将来也许都会对学业和职业帮助很大。这个信念也一直鼓励着我。

听了很多学长学姐和老师的意见与想法之后，我最终还是坚定了出国留学这条路。外面的世界很大，而我们都还年轻，此时不拼搏何时拼搏？我在大三下半年开始准备留学所需的英语考试，这个时间开始准备已经很晚了，加上自己的英语基础本身就不好，因此备考的过程很艰难。找不到对的复习方法，自己一个人摸索前进，两门考试的第一次尝试都失败了。既然坚定地选择了这条路，自然不能半途而废。慢慢地，我也在开始申请学校之前把所需科目考完了，虽然最后的分数惨不忍睹，但至少努力过拼搏过，也就没有什么可以后悔的了。我的切身体会是，针对留学所需的英语考试，越早准备越好，而且很重要的一点是，战线不要拉得太长，不然很容易感到疲惫而难以坚持下去。

我觉得自己很幸运，在经历教授的三次面试、学院的一次面试后，拿到了自己梦想学校的录用通知书，这是我整个申请季最好的礼物。

每一条路都不容易，既然选择了远方，便只顾风雨兼程。身边优秀的同学都找到了适合自己的去向，每个人都在自己的路上努力着奋斗着。于我而言，在涂江平老师课题组做毕业设计的经历，让我越来越坚定自己心中的想法，从事自己喜爱的研究，为之付出，最终的回报终会让你觉得所有经历过的孤单和困苦都是非常值得的。我始终相信，勤奋的人不会太差，成功背后都有着不为人知的付出。

【教师点评】

从初入"求是园"的忐忑兴奋到内心坚定于求学深造，从多任务、低效率到善于时间管理，对于吕某的四年大学生活而言，"规划"与"坚定"功不可没。他提到"既然选择了远方，便只顾风雨兼程"，正是每一次主动自我审视、主动参与研究及比赛、坚定备考，最终收获了"dream offer"。从吕某的经历中，同学们可以看到，在校期间要利用好学校提供的广阔的平台和丰富的资源，在求知摸索的过程中找到属于自己的出口。何时规划都不晚，何时执行都紧迫，成功背后都有许多不为人知的坚定付出。

# 附　录

### 第一讲　专业与职业选择（主讲教师：谢红梅）

谢红梅，浙江大学学生职业发展培训中心副主任、教授，全球职业规划师（GCDF）、国际生涯教练（BCC），全国高校就业创业指导教师培训特聘专家。从事大学生的生涯发展教育工作二十余年，是浙江大学生涯规划类课程的开创者之一，曾荣获浙江省教学成果一等奖、浙江省大学生创新创业大赛优秀指导教师、杭州市大学生就业创业师友计划十佳导师等荣誉称号；曾主持或作为主要成员参与各类课题研究20余项，发表论文20多篇，主编出版了《大学生职业发展与就业指导》教材、《研究生素质访谈》《时代追梦人》等书籍。

### 第二讲　自我探索结果及应用（主讲教师：张帆）

张帆，浙江大学农业与生物技术学院党委副书记、讲师，从事大学生生涯发展教育工作13年，主讲本科生通识课《职业生涯规划》、研究生公共素质选修课《生涯规划与职业发展》，曾获浙江省优秀教师、浙江省教学成果一等奖、首届浙江省高校教师教学创新大赛就业指导课程教学赛事一等奖、首届全国高校教师教学创新大赛就业指导课程教学赛事二等奖。

### 第三讲　就业形势与政策（主讲教师：杨倩）

杨倩，浙江大学控制科学与工程学院党委副书记。自2011年起从事大学生生涯教育工作，面向本科生开设了《职业生涯规划》课程。参与筹建浙江大学逐梦工作室，面向学生开展个体咨询；组建优秀学长讲师团，发挥朋辈帮扶作用；指导学生参加各类大赛，曾获浙江省大学生创新创业大赛优秀指导教师；参与"职业研究——人工智能工程技术人员"等多项生涯教育和就业指导相关课题研究，参与编写《时代追梦人》等书籍。

### 第四讲　就业信息搜集（主讲教师：林芝）

林芝，浙江大学就业指导与服务中心就业指导部讲师、心理学硕士，全球职业规划师（GCDF）、国际生涯教练（BCC）。拥有10年的心理学专业教师和十余年就业指导工作经验，全球职业规划师（GCDF）、KAB创业教育（中国）项目讲师。在学生的就业心理、职业生涯探索及管理、简历制作、面试指导等方面有丰富经验。

### 第五讲　简历撰写与投递（主讲教师：陈南菲）

陈南菲，浙江大学党委学生工作部学生综合素质教育办公室主任，国家二级心理咨询师、中国心理卫生协会首批注册心理咨询师。曾荣获第四届全国高校辅导员素质能力大赛二等奖，参与编写《高校辅导员心理助人理论与实务》《浙江省高校"三全育人"综合改革理论与实践丛书》等书籍。

### 第六讲　求职礼仪形象管理（主讲教师：包松）

包松，浙江大学求是学院党委副书记、副教授，浙江大学礼仪与形象管理中心执行副主任。国家二级心理咨询师、全球职业生涯规划师（GCDF）、国际生涯教练（BCC），IPA 国际注册高级礼仪讲师、中国形象设计行业注册高级礼仪培训师、北京典雅静界第 19 期色彩形象顾问。G20 杭州峰会特聘礼仪培训导师，全程负责和参与 2016 年 G20 杭州峰会高校志愿者、G20 一线接待司机以及西湖船工船娘、G20 定点接待医院医护人员礼仪培训。杭州市属国企礼仪操大赛首席专家评委。第 19 届杭州亚运会国际文明礼仪大赛初赛、复赛评委，第 19 届杭州亚运会国际文明礼仪大赛培训导师。

### 第七讲　在面试中脱颖而出（主讲教师：蔡云）

蔡云，浙江大学《职业生涯规划》《大学生 KAB 创业基础》课程讲师，专业生涯咨询师、创业指导教师、全球职业规划师（GCDF）、国际生涯教练（BCC），杭州市共创式生涯教育金牌导师，曾获浙江省高校职业生涯规划微课大赛冠军、杭州市第二届共创式生涯教育发展课程与项目设计大赛"优秀督导师助理"等荣誉。

### 第八讲　理性做职业决策（主讲教师：杨扬）

杨扬，浙江大学生物医学工程与仪器科学学院党委副书记、讲师，全球职业规划师、国家二级心理咨询师。从事大学生生涯教育工作十余年，主要讲授《职业生涯规划》《形势与政策》等课程。浙江大学"逐梦工作室"成员，为学生提供面对面咨询服务。曾主持或作为主要成员参与课题研究 10 余项，发表论文 10 余篇，参与编写浙江省高等学校德育统编教材《大学生人生规划与择业指导》等书籍。

### 第九讲　就业权益保护（主讲教师：梁清华）

梁清华，浙江大学马克思主义学院讲师。主讲《法律基础》《法学基础》《职业生涯规划》《思想道德修养与法律基础》《思想道德与法治》等系列课程。从事法学基础教育 20 多年、职业生涯规划教育 8 年，曾获得浙江大学奖教金。是教育部《法律基础网络课程》《思想道德修养与法律基础》国家精品课程及资源共享课主要参与人，曾主持或作为主要成员参与各类课题研究 8 项，发表论文 10 篇，参编了《大学生法律热点透视及案例评析》《思想道德修养与法律基础》《勤学修德 明辨笃实——＜思想道德修养与法律基础＞辅学指南》《崇德向善：公民价值准则解读》等书籍。

# 参考文献

[1] 习近平. 决胜全面建成小康社会,夺取新时代中国特色社会主义伟大胜利:在中国共产党第十九次全国代表大会上的报告[J]. 理论学习,2017(12):4-25.

[2] 马克思. 青年在选择职业时的考虑[EB/OL].(2018-06-07)[2021-02-008]https://career.cup.edu.cn/news/view/aid/84242/tag/fdhd.

[3] 方钜成,姜桂侬. 周恩来传(第二章)[EB/OL]. 淮安青年[2021-02-10] http://cpc.people.com.cn/GB/69112/75843/75871/5164045.html.

[4] Katharine Brooks. You Majored in WHAT? - Mapping your path from Chaos to Career[M], Viking Adult, 2009.

[5] 浙江大学就业指导与服务中心. 浙江大学 2019 届毕业生就业质量报告(EB/OL). 2020-03-19[2021-02-08]http://www.zju.edu.cn/2020/0319/c32668a1986329/page.htm.

[6] 于海波,郑晓明,李永瑞,等. 基于生涯资本理论的大学生可就业性 3C 模型及其特征[J]. 教育研究,2013(5):67-74.

[7] 约翰·奈斯比特. 大挑战:21 世纪的指南针[M]. 朱生坚,译. 上海:上海远东出版社,1999.

[8] Hanson J I et al. An evaluation of Holland's model of vocational interests for Chicana(o) and Latina(o) college students[J]. Measurement and Evaluation in Counseling and Development, 1999(32): 2-13.

[9] 龙立荣. 职业兴趣测验 SDS 的发展现状及趋势[J]. 教育研究与实验,1991(2):34-37.

[10] 刘广珠. 企业管理人员职业兴趣研究[J]. 人类工效学,2000(3):33-35.

[11] 李永鑫. 中国职业兴趣研究综述[J]. 信阳师范学院学报(哲学社会科学

版),2003(4):56-59.

[12] 蔺思涛.经济新常态下我国就业形势的变化与政策创新[J].中州学刊,2015(2):82-85.

[13] 王经忠.基于供求关系分析的高校毕业生就业形势的判断[J].中国高等教育,2020(6):48-50.

[14] 郭先登.论"双循环"的区域经济发展新格局:兼论"十四五"及后两个规划期接续运行指向[J].经济与管理评论,2021(1):23-37.

[15] 新华社.中共中央国务院关于构建更加完善的要素市场化配置体制机制的意见[EB/OL].http://www.gov.cn/zhengce/2020-04/09/content_5500622.htm.

[16] 国务院.国务院关于印发"十四五"就业促进规划的通知[EB/OL].http://www.gov.cn/gongbao/content/2021/content_5637947.htm.

[17] 莫荣.兼顾数量和质量 促进高校毕业生就业[N].中国劳动保障报,2017-12-09(3).

[18] 智研咨询.2021年全国高校毕业生人数、应届生招聘需求及就业趋势分析[EB/OL].https://www.chyxx.com/industry/202106/960033.html.

[19] 莫荣.如何在高质量发展中开拓就业新机遇[EB/OL].2020-05-31.

[20] 莫荣,陈云.当前就业形势与未来展望[J].中国劳动,2021(1):5-15.

[21] 龚祥岚,朱熹,王阮芳.谈大学生如何搜集与处理就业信息[J].文教资料,2015(17):124-125.

[22] 尚从永,陈松林.基于工作搜寻理论的大学生就业信息管理策略[J].长春理工大学学报(社会科学版),2016,29(06):150-155.

[23] 胡乙.高校毕业生如何寻找就业信息[J].经济研究导刊,2020(33):136-137.

[24] 方焕新,徐引红,马灵."互联网+"时代高校就业服务平台信息化建设研究[J].中国大学生就业,2020(02):60-64.

[25] 李慧君.求职简历中存在的普遍问题和提升技巧探析[J].社科纵横(新理论版),2013,28(02):148-149.

[26] 翟淼淼.大学生求职简历的写作要领[J].应用写作,2017(03):28-29.

[27] 田野. 学会"扫雷填坑",让你的简历脱颖而出[J]. 中国大学生就业,2020(01):29-31.

[28] 金正昆. 政务礼仪教程(第4版)[M]. 北京:中国人民大学出版社,2013.

[29] 王静. 选对色彩穿对衣[M]. 桂林:漓江出版社,2010.

[30] Gati L. Asher, The PIC model for career decision making: prescreening, in-depth exploration, and choice. Incontemporary models in vocational psychology: A volume honor of Samuel H. Osipow Mahwah. Osipow, Samuel H., Leong, Frederick T. L., Barak, Azy. NJ: Lawrence Erlbaum Associates, 2001:7-54.

[31] 清华大学学生职业发展指导中心, 职业探索与选择[EB/OL], https://news.tsinghua.edu.cn/info/1008/55959.htm.

[32] 钟谷兰, 杨开. 大学生职业生涯发展与规划[M]. 上海:华东师范大学出版社, 2016.

[33] 谢红梅, 古典, 李春雨. 大学生职业发展与就业指导[M]. 成都:电子科技大学出版社, 2016.

[34] 中华人民共和国宪法(2018年修正), 第四十二条、第四十三条、第四十四条、第四十五条、第四十八条. 中国人大网 http://www.npc.gov.cn/npc/c505/201803/e87e5cd7c1ce46ef866f4ec8e2d709ea.shtml.

[35] 中华人民共和国劳动法(2018年修正), 中国人大网 http://www.npc.gov.cn/npc/c30834/201901/ffad2d4ae4da4585a041abf66e74753c.shtml.

[36] 中华人民共和国劳动合同法(2012年修正), 中国人大网 http://www.npc.gov.cn/wxzl/gongbao/2013-04/15/content_1811058.htm.

[37] 中华人民共和国劳动争议调解仲裁法(2007), 中国人大网 http://www.npc.gov.cn/wxzl/gongbao/2008-02/23/content_1462417.htm.

[38] 中华人民共和国社会保险法(2018修正), 中国人大网 http://www.npc.gov.cn/npc/c30834/201901/4a6c13e9f73541ffb2c1b5ee615174f5.shtml.

[39] 经济、社会及文化权利国际公约(2001年批准), 中国人大网 http://www.npc.gov.cn/wxzl/wxzl/2001-06/01/content_136875.htm.

[40] 中华人民共和国劳动合同法实施条例(2008),中国政府网 http://www.gov.cn/zwgk/2008-09/19/content_1099470.htm.

[41] 闫佳琳诉浙江喜来登度假村有限公司平等就业权纠纷案(2020),中国裁判文书网 https://wenshu.court.gov.cn/website/wenshu/181107 ANFZ0BXSK4/index.html?docId=86afae0f880a4dbe94bbabac009e34cd.

[42] 蒋韬诉中国人民银行成都分行招录行员行政纠纷案(2002),成都市中级人民法院官网,http://cdfy.chinacourt.gov.cn/article/detail/2004/06/id/551096.shtml.

[43] 张先著诉芜湖市人事局公务员招考行政录用决定纠纷案(2003),中国政法大学法治政府研究院 http://fzzfyjy.cupl.edu.cn/info/1075/10279.htm.

[44] 吴某诉安庆市教育局、安庆市人力资源和社会保障局教师招考行政录用决定纠纷案(2003),"中国首例艾滋病就业歧视案"调查,人民法院网 http://rmfyb.chinacourt.org/paper/html/2010-12/06/content_19582.htm?div=0.

[45] 周香华诉中国建设银行平顶山市分行强制女性职员55岁退休性别歧视案(2005),国际劳工组织 https://www.ilo.org/wcmsp5/groups/public/-asia/-robangkok/-ilo-beijing/documents/publication/wcms_168130.pdf.

[46] 劳动人事争议典型案例(第二批)(2021),最高人民法院 https://www.court.gov.cn/zixun-xiangqing-319151.html.

[47] "假北大博士"刘志刚诈骗高校案(2005)中国法院网 https://www.chinacourt.org/article/detail/2005/08/id/172504.shtml.

[48] 中华人民共和国国史百科全书(1949-1999),中国大百科全书出版社,1999年7月版

[49] 蔡华.现代著名气象学家和教育家:竺可桢生平事略[J].党史纵横,2002(005).

[50] 钱永红.竺可桢:中国科学史研究事业的奠基人[EB/OL].2010-3-26.[2015-01-01].https://www.cas.cn/zt/rwzt/jnzkz/jnzkzxsbg/201003/t20100326_2807874.shtml.

[51] 管成学,赵骥民.中国近代气象学的奠基人:竺可桢的故事[M].长春:

吉林科学技术出版社，2012.

[52] 安徽省陶行知教育思想研究会. 陶行知一生[M]. 长沙：湖南教育出版社，1984.

[53] 南京陶行知研究院. 陶行知生平. [EB/OL]. 2015 - 7 - 14. https：//tyy.njxzc.edu.cn/8b/d3/c8217a35795/page.htm.